습관은 실천할 때 완성됩니다.

좋은습관연구소가 제안하는 52번째 습관은 "청년 창업가의 습관"입니다. 사회 경험 하나 없이, 대학도 졸업하지 않은 채, 13평 샐러드 가게로 시작해 15개 지점으로 성장시킨 청년 창업가의 생생한 이야기를 만나보세요. 가게 입지 선정에서부터 메뉴 개발, 인테리어 비용을 아끼는 방법, 작은 가게 브랜딩하는 법, 고객 소통과 창업가의 삶의 태도까지. 저자가 들려주는 건 거창한 성공담이 아닌 '오늘 하루를 잘 사는 습관'입니다. 누구에게나 시작은 두려운 법입니다. 하지만 일상의 작은 습관은 용기와 실행력을 만들어냅니다. 망설임과 불안, 주변의 만류 속에서도 창업을 꿈꾸는 당신에게 큰 응원이 되었으면 합니다.

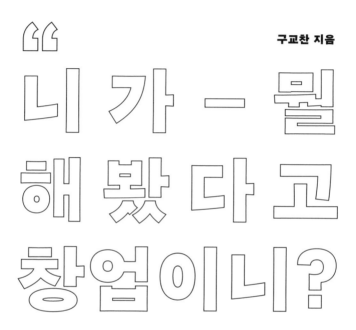

구교찬 지음

"
니가 — 뭘
해 봤다고
창업이니?
"

창업의 두려움을 기쁨으로
바꾸는 '오늘 하루'를 사는 법

좋은습관연구소

추천사

구대표를 처음 만났을 때 나는 전문의 시험을 준비하고 있었다. 당시 그는 낮에는 마케팅 회사에서 근무하고, 저녁에는 샐러드를 만들고 있었다. 구대표는 혼자 메뉴 개발을 하며 늘 나보다 늦게 퇴근하는 열정 가득한 청년이었다. 그런 멋진 모습을 보고 내가 먼저 말을 걸었다. 그 때부터 친해져 지금까지도 먼 거리지만 우정을 유지하고 있다.

구대표의 대단한 점은 코로나 시기에도 주춤하지 않았다는 것이다. 길 거리에 사람이 다니지 않는 시기에도 열심히 샐러드를 만들었다. 그리고 이곳저곳 샐러드를 기부했다. 심지어 매장을 늘리기도 했다. 처음에는 구대표에게 "교찬아, 이 코로나 시기에 매장을 늘리는 것은 위험하지 않을까?"라는 조언 아닌 조언을 건넨 적도 있다. (나도 나름 깨어있는 의사라고 생각했다. 헬스트레이너 자격증도 있으며 유튜브로 150만뷰를 찍기도 했으니까 말이다. 그런 나도 아차 싶었던 순간이었다.)

코로나 시기에 우리는 어땠나. 배달 음식에만 의존했다. 살은 계속 불고, 건강은 악화하고 있었다. 구대표는 그런 니즈를 잘 포착했다. 그리고 그다음을 준비했다. 이외에도 그의 아이디어나 행보에 대해 말할 것이 너무 많지만, 독자들은 책에서 확인하면 좋겠다.

구교찬 대표는 나보다 한참 동생이지만 늘 배울 점이 많아 '선생님'이라고 부른다. 앞으로도 선생님으로 모실 예정이다. 여러분도 멘토로서 구대표를 두면 오늘 하루를 잘살게 되지 않을까 한다.

구교찬 대표님 늘 응원합니다.

_연세더나은의원 대표원장 전문의 최준호

전)세브란스계열 일산병원 임상교수

이 책은 단순히 샐러드 가게의 성공담을 넘어, 젊은 창업가가 어떻게 열정과 전략으로 자신만의 브랜드를 구축해나갔는지에 대한 생생한 기록입니다. 젊은 나이에 창업해, 치열한 외식업계에서 성공을 이룬 저자의 이야기는 그 자체로 영감을 주며, 현실적인 조언들이 가득 담겨 있습니다.

이 책에서 다루는 내용은 단순히 메뉴 개발이나 마케팅 전략에 그치지 않고, 고객과의 소통, 브랜드의 가치를 어떻게 전달할지에 대한 깊이 있는 통찰을 제시합니다. 저자는 빠르게 변하는 시장에서 어떻게 자신만의 색깔을 잃지 않고 경쟁력을 유지할 수 있었는지에 대해 구체적인 사례를 통해 보여줍니다.

그리고 브랜딩은 결국 고객과의 관계를 통해 이루어지는 것임을 잘 보여주고 있습니다. 저는 이 책이 앞으로 창업을 꿈꾸는 모든 이들에게 큰 도움이 되리라 확신하며, 또한 브랜딩을 고민하는 모든 이들에게도 좋은 길잡이가 될 것이라 믿습니다.

_『좋아 보이는 것들의 비밀』 저자 이랑주

"언제가 있을 행복한 날은 없습니다. 오늘 당장 행복해야 합니다."
내가 죽음 앞에서 깨달은 진리다. 이 진리대로 사는 청년이 있어 기꺼이 추천사를 쓴다. 삶에서도, 사업에서도 남들은 고통이라고 생각하는 순간을 쾌락으로 느끼며 살 수 있는 방법을 이 책을 통해 만날 수 있다. 시간에 끌려다니지 않고 시간을 지배하며 살고 있는 구교찬 대표를 만나보기 바란다.

_『책 읽고 매출의 신이 되다』저자 고명환

21년 가을, 친구 따라 방문한 스톡홀름 샐러드에서 식사한 후 인스타 스토리에 사진을 업로드한 것을 시작으로 구대표님과의 연이 시작되었다. 보통의 가게들은 스토리 공유를 하면 확인만 하거나 좋아요만 누르고 가는데, 구대표님은 방문해주셔서 감사하다는 인사를 정성스레 보내주셨다. 신기한 사장님이란 생각을 했다.

22년, 꾸준히 샐러드집 방문과 식사 후 스토리 인증을 반복하다가 구대표님이 새로 개업하신 코펜하겐 카페도 자연스럽게 방문하게 되었다. 괜히 애정 가는 공간이라 친구들에게 입소문도 많이 냈다. 따로 요청을 받은 것도 아니고 그냥 내가 하고 싶어서 했던 행동이었는데, 구대표님은 내가 카페를 갈 때마다 따로 더 챙겨주셨다.

23년, 그 과정이 반복되며 친한 사장과 고객 사이가 되었고 어쩌다 그해 여름부터 매일 아침마다 코펜하겐 카페에서 구대표님과 아침독서를 하기 시작했다. 굳이 거리가 한 시간이나 넘는 카페에 매일 아침 일찍 일어나 서둘러 갔던 이유는, 3년의 기간 동안 멀면서도 가까운 거리에서 구대표님을 지켜보면서 이 분의 철학과 일을 대하는 태도에서 배울 점이 많은 존경스러운 분이라 생각했기 때문이었다.

내가 지켜봐온 구대표님은 말보다 행동으로 소중한 하루를 대하는 법을 알려주시는 분이었고, 기버라고 스스로 말하며 다니는 사람과 비교도 안 되게 먼저 많은 것들을 나누는 게 습관인 분이었고, 단 한 번의 큰 요행을 바라며 현실을 한탄하기보다 틈틈이 꾸준함의 힘을 알고 정직하게 쌓아가는 분이었으며, 자신의 성과를 자신만의 결과로 멋지게 포장하기보다 늘 함께하는 팀원들에게 감사를 표하고 공을 돌리는 분이었다.

이러한 모든 모습과 철학이 이 책 한 권에 더욱 진하게 담겨있어 그 어떤 책보다도 나에게 큰 감동과 동기부여가 되었다. 나는 감히, 이 책이 수많은 조언에 휩쓸려 중심을 잃고 방황하는 20대30대 청춘들에게 깊은 깨달음을 줄 책이라고 말하고 싶다.

행복, 인생의 태도, 일에 임하는 자세, 인간관계, 꿈, 도전, 경험, 자기계발의 동기, 습관 형성, 사업의 본질 등 이 모든 내용의 핵심 알맹이를 알아가고 싶은 분들에게 자신 있게 추천한다.

_리브나운 최나운 @livenow_n_ 자기계발 인플루언서

"나 지금 벌써 스샐인데?"

"우리 매장 이름을 줄여 부르고, 그걸 알아듣는다고?"

그 순간, 스톡홀름 샐러드가 고객의 마음속에서 '스샐'로 탄생했다.

팬덤이 있는 브랜드는 고객이 브랜드를 정의한다. 진심을 다해 브랜드

를 담았더니, 고객이 빈 곳을 채워 함께 만드는 브랜드가 되었다.

스톡홀름 샐러드의 공간에서 책 모임을 하며 처음 만나게 되었다. 머무는 시간 동안 스톡홀름 샐러드가 세상에서 만드는 이야기가 나에게 말을 건네왔다. 그리고 확신할 수 있었다. 이곳이 앞으로 고객의 마음 속에서, 세상에서 점점 더 커져갈 것임을.

이 책은 하나의 브랜드가 탄생한 순간부터 그 브랜드를 키워가는 한 사람의 치열한 여정이 담겨있다. 그 여정 안에서 지금 시대 스몰 브랜드가 가져가야 할 많은 힌트를 꺼내볼 수 있다.

『모든 게 처음인 브랜드의 무기들』저자 & 전 노티드(GFFG) 총괄 디렉터 초인 윤진호

창업지원센터에서 일하면서 매년 수많은 예비창업자들을 만납니다. 그들 중 많은 이들이 '성공하는 창업가'에게는 어떤 공통점이 있는지를 자주 묻곤 합니다. 이는 성공의 공식을 알아내어 자신에게도 적용해보려는 열망에서 비롯된 질문일 것입니다.

이 질문을 받을 때마다 저는 되묻습니다. "당신이 생각하는 성공하는 창업가의 공통점은 무엇인가요?" 대부분의 답변은 투자금의 규모, 학력, 전공과 같은 정량적인 요소들에 집중됩니다. 하지만 이런 요소들은 그저 살아온 삶의 이력에 불과합니다. 진정으로 성공하는 창업가의 공통점이라 부르기에는 부족한 부분이 있습니다.

창업의 성공 여부는 창업 이전의 준비가 아닌, 창업 이후에 직면하게 되는 수많은 도전과 기회 속에서 결정됩니다. 이러한 도전을 헤쳐 나갈 수 있는 저력과 탄력성, 그리고 끊임없는 실행력이야말로 성공의

열쇠입니다. 저는 이 모든 요소들을 하나로 묶어 '창업가 정신'이라 부릅니다.

성공한 창업가들의 공통점은 바로 이 '창업가 정신'에 있다고 확신합니다. 그러므로 예비 창업가들에게는 선배들의 창업가 정신을 배우고, 익히고, 실천할 것을 권장합니다. 그러나 이 정신을 구체적이고 깊이 있게 전해주는 선배들은 많지 않습니다.

구교찬 대표는 이 책에서, 창업가 정신이 아직 미약하던 시절부터 지역에서 인정받는 프랜차이즈 대표로 자리 잡기까지의 과정을 세밀하게 담아냈습니다. 그가 겪은 수많은 경험과 이를 통해 얻은 통찰을 바탕으로, 예비 창업가들이 갖춰야 할 정신을 가장 생생하게 전달하고 있습니다.

행동을 전하는 것도 중요한 일이지만, 정신을 전하는 것은 더 큰 찬사를 받을 일입니다. 깊은 고민 끝에 자신의 정신을 이 책을 통해 전하고자 한 구교찬 대표의 노력에 감사를 표하며, 이 책이 많은 예비 창업가들에게 성공적인 첫걸음을 내딛게 하는 귀중한 안내서가 되기를 응원합니다.

_양천창업지원센터 센터장 박성경

행복이란 참 어렵지만, 이 책에서는 "행복? 생각보다 간단해"라고 살며시 미소 지으며 알려주는듯한 느낌이 든다.

내가 5년 동안 겪은 저자의 생활엔 행복이 가득해보였다. 무언가에 계속 도전하면서 성취를 하기도, 주변 사람을 챙기는 모습에서도, 일찍 일어나서 가벼운 조깅과 운동을 하는 모습에서도 느껴졌다.

저자의 삶을 들여다보고 나의 행복과 가까워질 수 있다면 어떤가? 한 번 읽어보자.

_커피 로스터리 '레조넌스' 대표 하대혁

프롤로그

"반갑다야, 요즘 어떻게 지내?"

오랜만에 지인을 만나는 자리에서 늘 나오는 얘기입니다. '요즘 어떻게 지내?'라는 뻔한 질문. 우리는 뻔한 질문에 뻔뻔하게 답합니다.

"응. 잘 지내. 너는?"

자세히 말하고 싶지 않아서 짧게 말하는 것일 수도 있지요. 혹은 못 지내더라도 잘 지내는 것처럼 보이고 싶어서 일수도 있고요. 이번 기회에 한번 되짚어 보면 어떨까요. 내가 정말 잘 지내고 있는지.

행복은 크기보다 빈도가 중요하다고 합니다. 지금 당신 일상에 행복한 순간이 자주 있는지요. 제가 예상하건대 "요즘 어떻게 지내?"라는 질문에 "나 요즘 너무 행복해!"라고 답할 수 있는 확률은 굉장히 희박합니다. 마치, 벚꽃이 한 달 이상 만개해 있을 확률이랄까요.

우리는 벚꽃을 볼 때 행복을 느끼곤 합니다. 그러나 아이러니하게도, 벚꽃이 우리 눈에 예뻐 보이는 이유는 금방 지기 때문이기도 합니다. 그러면 우린 딜레마에 빠집니다.

'행복할 수 없구나.'

'행복은 어려운 것이야.'

'행복은 짧은 것이야.'

그렇게 우리는 어른이 되어가는 것 같습니다. 지금의 삶이 재미없고 힘들어도 꿋꿋이 버팁니다. 그럼 '철 들었다' 혹은 '어른이네'라는 말을 주변에서 해주더군요.

스티브 잡스 씨는 세상을 제 손바닥 안에 담아주었지요. 덕분에 나와 세상을 비교하는 것은 참으로 쉬워졌지요. 그러면서 우리는 생각이 더 많아지기 시작했습니다.

'난 왜 저런 결과를 못낼까.'

'정말이지 너무 부럽다.'

생각이 자꾸만 많아집니다.

'10억 모으기'라는 목표를 세웠습니다. 얼마 가지 않아 '100

억 모으기'라는 목표를 세웠습니다. 10억 원을 모은 적도 없으면서, 그 돈이 충분치 않았나 봅니다.

근데 지금 돌이켜보면, 그때의 제가 조금 부끄럽습니다. 제 목표를 고작 '숫자'로 정했으니까요.

'오늘 하루조차 괜찮지 않은데, 너무 많은 걸 생각하며 사는 건 아닐까?'

사실 우리에게 주어진 건 당장의 '오늘 하루'입니다. 그 하루가 잘 굴러가지 않는데 어떻게 일주일을 잘 보낼 수가 있을까요. 오늘 하루가 모여 일주일이 되고, 일주일이 모여 한 달이 됩니다. 그렇게 곧 우리 인생이 되겠네요.

생각을 줄이기로 했습니다. 많은 생각을 할 필요가 없었습니다. 포커스를 오늘 하루로 당겼습니다. 그러자 중요한 것들이 보이기 시작했습니다.

아침에 일어났을 때의 '컨디션'이 중요했습니다. 컨디션이 좋지 않으면 아침부터 기분이 망쳐지더군요. 여러분도 그런 경험이 있으신가요? 그리고 집을 나설 준비를 합니다. 그렇게 직장으로 갑니다.

나의 '일터'도 어떤 곳인지 참 중요했습니다. 하고 싶지 않은 일을 하는 건 생각보다 에너지가 많이 쓰였습니다. 가고 싶지 않은 일터에 억지로 가는 것 또한 고역이었죠. 그리고 거기서 만나는 '동료'들도 중요했습니다. 마지막으로 '퇴근 후의 삶'이 존재했습니다.

오늘 하루를 크게 나뉘어 이 네 가지의 집합체라고 생각하기로 했습니다.

"컨디션, 일터, 동료, 쉼."

자기관리에 열심히인 사람들은 아침 '컨디션' 정도는 조절할 수 있을지 모릅니다. 하지만 하루의 많은 시간을 함께 해야하는 '동료'를 선택하기란 쉽지 않습니다. 제가 창업을 하게 된 큰 이유 중 하나가 바로 이것입니다. 당신이 회사에 들어가게 된다면, 그 회사에 누가 있든 먼저 온 선임들에게 내가 맞춰야 됩니다. 물론 운 좋게 나와 잘 맞고 정말 상냥한 선임을 만난다면 다행입니다만, 선임과 결이 너무나 다를 수도 있습니다. 그와 잘 지내려고 노력해야 하죠.

이미 다 큰 성인이 서로에게 맞춘다는 것은 참 쉽지 않은 일이더군요. 관계가 개선되지 않는 것 같아 그냥 포기하는 경우도 많죠. 그럼 점차 애정을 줄이게 됩니다. 애정이 많을수록 상처를 받으니까요. '머리는 차갑게 가슴은 뜨겁게'라는 명언도 있지만, 우린 점차 머리도 가슴도 차가워지기만 합니다.

반면 창업이라는 길을 보면 어떨까요. 물론 창업에는 그에 따른 역경과 고난들이 도사립니다. 하지만 확실한 건 내가 좋아하는 사람들만 모을 수 있다는 것입니다. 조금 더 냉정하게 말하자면, 나와 맞지 않는 사람은 내보낼 수 있습니다.

저는 저와 결이 맞는 사람들과 뭉칩니다. 그리고 그들의 행복을 책임지고, 그들과 함께 세상에 작은 영향이라도 주려고 합니다. 매일을 그런 생각으로 일터에서 동료와 함께 보내고 집으로 돌아옵니다.

물론 저는 보통의 직장인들보다 퇴근이 늦는 경우가 많습니다. 하지만 기분이 좋습니다. 열심히 일하는 마음에 뿌듯함이 가슴속 깊은 곳에서 차오릅니다.

제 친구들도 각자의 인생을 살고 있습니다. 대부분 직장을 다니고 있고요. 일반화하는 것은 결코 아닙니다만, 제 친구들은 거의 모두가 집에 오면 씻지도 않고 눕고 싶다고 하더군요. 그저 넷플릭스를 보다가 스르르 잠드는 나날을 보내고 있다고 했습니다. 가끔 퇴근 후에 헬스를 한다거나 이직 준비를 하는 친구들을 봤습니다만, 대부분의 공통점은 퇴근하면 에너지 고갈 상태로 귀가한다는 것이었습니다.

"이 나라에는 어떤 사람이 필요합니까?"라는 질문에 "그저 살아있는 사람이 필요하다"라는 답을 한 철학자가 있습니다. 그 철학자는 이 나라의 사람들이 살아있다고 생각하지 않았나 봅니다.

아주 가끔이지만, 우리는 '살아있음을 느낀다'라고 말하는 경우가 있습니다. 에너지가 넘치고 행복이 넘치는 그런 순간에 툭 하고 튀어나오는 말입니다. 그래서 저는 당신이 창업했으면 좋겠습니다. 창업은 '살아있는 사람'이 되는 지름길 중 하나입니다.

"니가 뭘 해봤다고 창업이니?"

'창업의 두려움'이 '창업의 기쁨'이 되는 '오늘 하루'는 어떻해야 하는지 담아보았습니다.

창업을 제안한다고 해서 창업의 성공을 보장해 드릴 순 없습니다. 하지만 적어도, 창업과 연관된 책 100여 권을 읽었습니다. 그리고 13평 작은 샐러드 가게를 시작으로 5년 이상 나만의 사업을 했습니다. 많은 시행착오를 끝없이 겪었습니다. 그 내용을 압축하고 압축하여 이 책에 고스란히 담았습니다. 적어도 '망하지 않는' 창업은 하실 수 있을 거라 확신합니다.

어떤 목표가 있는지, 어떤 꿈이 있는지 묻기 전에 먼저 물어보겠습니다. "당신의 하루는 어떻습니까?" 만약 살아있음이 느껴지지 않는다면, 만족스럽지 않다면, 저는 자신 있게 창업을 권합니다. 두근두근 그 여정으로 떠나보실까요?

목차

2부. 샐러드를 팝니다

3부. 하루가 모여 일주일이 되다

1부.

좋아하는 일을 하며
살고 싶어요

세상에 하나뿐인 '쨱쨱요거트'

"즐길 수 있어야 또 잘할 수 있지요. 즐겨서 잘할 수 있는 사람이 결국 그 잘하는 성취로 한국 사회를 더 건강하게 만들 수 있어요." - 『인간이 그리는 무늬』(저자 최진석)

나는 경상도 네이티브다. 경상도 토박이들이 참 좋아하는 단어가 바로 '상경(上京)'이라는 단어다. 뭔가를 이루기 위해 상경 길에 오르는 경상도 남자. 그 행위만으로도 이미 자존감 경험치 두 배 이벤트가 시작된다.

'나란 남자 참 멋있어.'

하지만 경상도 남자의 허점은 서울을 잘 모른다는 거다. 나는 서울이라 생각하고 갔던 경기도 일산이 서울이 아니라는 것에 많이 당황했다. (편의상 그냥 서울이라고 하겠다.) 군에서 만난 서진영 병장의 권유 덕분에 쉽게 상경할 수 있었다. 서울 생활의 시작은 그와의 '동거'였다. 군 생활 동안 정상적인(?) 사람이 잘 없는 그곳에서 그나마 정신 줄을 잡아주던 선임이었다(군이라는 환경이 그들을 비정상을 만든 것이지 사람 한 명 한 명은 참 착했다고 자부한다). 나뿐만이 아니라 여러 후임을 잘 챙겨주던 그였다.

3학년 복학을 앞두고 있었지만 서두르고 싶지는 않았다. 전자공학과에 대한 확신이 없었다. 조금 더 세상을 경험하고 복학하기로 다짐했다. 복학하면 또 거기에 충실해야 하니 말이다. 지금의 6개월 혹은 1년이 내 삶의 방향을 더욱 탄탄하게 만들어 줄지도 모른다. 그러니 절대 뒤처지는 것이 아니다. 난 그렇게 믿었다. 이때까지만 해도 나는 세상을 경험하고 지쳐 돌아올 줄 알았다. '역시 공부가 젤 쉬운 거야'라는 말과 함께.

대구에서 온 나에게 가장 먼저 보인 서울의 모습은 웃기게도 '쌍꺼풀 있는 사람들'이었다. 지하철에 있는 여성분들이 죄다 '무쌍'이 아니었다. 그리곤 그들의 표정으로 시선이 옮겨졌다. (여자 얼굴만 구경하고 다닌 건 아니다. 오해하지 말길.) 그들은 사람이 가득 찬 지하철에서 휴대폰만 바라봤다. 표정이 좋지 않았다. 영혼 없는 사람 같았다. 서울에는 훨씬 개성 있고 활기찬 사람들이 많을 거라 예상했지만, 예상과는 다르게 모든 사람이 똑같은 표정을 하고 있었다. 기대 따윈 없는 것처럼 말이다. 정신을 바짝 차려야겠다는 생각이 들었다.

타지에서 생활하게 되면 하나 좋은 점이 있다. 대구에서의 나를 탈피하고 새로운 이미지를 만들어도 된다는 점이다. 나는 부끄러울 것이 없었다. '부끄러움'이란 원래 이미지에 어긋나는 행동을 할 때 발생한다. 서울에는 나의 이미지 자체가 없으니 더 무모해져도 되었다.

첫 자취방이다 보니 이것저것 만들어 먹었다. (군에서 조금씩 모았던 비상금들을 가지고) 주로 돼지 앞다리살을 사들고 와서 구워먹었다. 찌개도 끓여먹었다. 이것저것 요리를 해먹는 것이 생각보다 재미있었다. 그러다 파스타도 만들고 요거트도 직접 만들어 먹었다. 내 입으로 말하기 뭣하지만, 내가 만든 수제요거트는 상당히 맛있었다. 우유에 요구르트를 넣으면 요거트가 된다는 것도 신기했다. 그리고 그 요거트를 조금 덜어 다른 우유에 넣으면 또 요거트가 되었다. 창조 경제였다. 재미가 생기다 보니 다른 맛에도 도전했다. 그러다 문득 생각했다.

'길에서 장사나 해볼까...'

대구에서야 길에서 장사한다면 참으로 부끄러운 일일 것이다. 아는 사람이라도 지나가는 날에는 얼굴이 빨개질 것이 분명하다. 하지만 여긴 죄다 모르는 사람들이다. 부끄러울 게 없었다.

'새벽에 수제요거트를 팔면 이 팍팍한 서울의 직장인들에게 직접 만든 건강함을 줄 수 있지 않을까? 그들의 표정이 한결 밝아질지도?'

갑자기 두근거리기 시작했다.

'이름은 무엇으로 짓지?' '스티커도 붙이면 좋겠다.' '얼마에 팔면 좋을까?'

머릿속이 온갖 행복한 상상으로 가득 찼다.

글 쓰는 방법을 알려 주는 책에서 이런 문장을 본 적이 있다(출처는 정확히 모르겠다).

"글을 쓰는 행위는 누구나 행복을 느낀다. 왜냐하면 어떤 단어를 쓰고 어디서 쉼표를 찍고 어디서 마침표를 찍을 것인지 오로지 나 자신의 결정으로 만들어지기 때문이다. 이처럼 사람은 주체적 행위에서 행복을 느낀다."

요거트를 어떻게 팔면 좋을지 고민하는 이 '주체적 순간'은 나에게 행복으로 다가왔다. 시간 가는 줄 몰랐다. 나는 기어코 이름을 지었다. "쩍쩍요거트" 아침을 연상시키는 단어가 참새였기 때문이었다. 플라스틱 컵에 요거트를 부어서 팔 생각인데 뭔가 허전했다.

'그치. 스티커라도 하나 붙어야 그럴듯한데...'

지름이 약 6cm 정도 되는 원형 스티커를 제작했다. 1,000장이나 뽑았다. 그걸 붙이고 보니 느낌이 괜찮았다. 정말 전문 가게에서 파는 비주얼이었다.

'이거이거 잘되는 거 아니야? 크큭'

귀리를 구워서 토핑으로 올렸다. 이마저 건강식이라니. 식감까지 잡았다. 내 시선에는 그저 완벽한 요거트였다.

"세상에 하나뿐인 요거트. 쩍쩍요거트. 여러분도 맛봐요."

어디서 본 건 많았다. 난 요거트를 팔고자 했던 지하철역 앞으로 갔다. 오전 7시에 나와 유동 인구를 세어봤다. 이때까지만 해도 자존감이 참 높았다. 상경 그리고 사업(?)을 위한 유동 인구 파악이라니.

'나란 남자 미치겠다.'

똑바로 세었는지는 모르겠지만 500명 가까이 되는 걸 확인했다. 몇 명까지 세었는지 잊을 것 같을 때면 종이에 숫자를 적었다. 뭘 얻고자 그런 짓을 했는지 모르겠지만, 내 나름의 이론대로 행동했다. 10명 중 1명만 내 요거트를 먹으면 하루

매출 10만 원, 한 달 매출 300만 원. 수익 150만 원이라는 계산이 나왔다. 그러다 생각이 전환된다.

'만약 10명 중 2명이라면? 아니 3명이라면?'

행복한 상상은 끝이 없었다. 다음 날은 매대를 끌고 나왔다. 요거트는 없었다. 지하철역 앞에 서서 매대를 펴고 가만히 서 있었다.

'혹시 잡혀갈 수도 있으니까...'

엄연히 노점은 불법이다. 경찰차가 순찰하는 시간대는 아닐까 걱정도 했다. 하지만 예상과는 다르게, 어느 누구도 내게 관심이 없었다. 조금은 튀어 보이기 위해 짧게 율동도 해보았다. 그래도 반응은 마찬가지였다. 내가 그곳에 누워있어도 괜찮을 정도였다. 그들은 나에게 관심이 없었다.

이틀 뒤, 드디어 결전의 날이 다가왔다. 꽤 비장하고 불안한 마음이었다. 새벽 6시 40분쯤 세수만하고 집에서 나왔다. 내 한 손에는 캐리어가 쥐어져 있었다. 긴장한 나머지, 턱을 넘을 때마다 숨이 막혔다. 무사히 지하철역 앞까지 왔다. 갑자기 심박수가 빠르게 오르기 시작했다.

'진짜 해도 되려나...'

주저하기 시작했다. 그러나 돌아가기에는 이미 너무 늦었다.

'에라이!'

눈을 질끈 감았다가 떴다. 침착하게 매대를 내려놓았다. 매대를 먼저 편 후, 캐리어를 개봉했다. 캐리어에 있던 아이스박스를 꺼내 지하철역 안으로 가지고 갔다. 화장실에서 수돗물을 받았다. 아이스박스의 반 정도를 받아 다시 돌아왔다. 전날 얼려둔 아이스팩을 아이스박스에 넣었다. 보기만 해도 시원했다. 수제요거트를 그 물에 꽂았다. 간이 냉장고 완성이었다. 잔돈을 세팅했다. 플라스틱 컵에 스티커를 미리 붙였다. 귀리 토핑이 담긴 락앤락통을 반쯤 열어두었다. 마지막으로 판매 포스터를 세웠다.

'수제 쩍쩍요거트 1잔 2,000원'

그리고 기어들어 가는 목소리로 말했다.

"요거트 사세요. 요거트 사세요."

그 시각. 사람들은 지하철역으로 쏟아져 들어갔다. 그들은 바쁜 현대인들. 아침 먹을 시간도 없을 텐데, 여기 이 요거트 하나 쥐고 가면 건강하게 해결하겠는걸. 가격도 단돈 2천 원인데!

혼자 중얼거렸다. 출근 러쉬가 지나고 사람들이 뜨문뜨문 보였다. 예상과는 너무 달랐다. 최소 10잔은 팔지 않을까 하는 예상은 보기 좋게 빗나갔다. 첫날 매출은 0원 이었다.

'오호, 요것 봐라.'

박탈감을 느끼고 싶지 않았던 것인지, 되려 자신 있게 속삭였다.

아직 첫 날에 불과했다. 그러나 이튿날도 마찬가지였다. 집으로 돌아가 전단을 만들었다. 사흘째 되는날, 나는 세팅을 다해두고 전단을 나눠줬다. 아니 그런데 또 예상치 못한 일이 일어났다. 행인들이 전단을 아예 받지도 않는 것이었다. 너무했다. 지금 생각해보면 정말 엉망이긴 했다. 글이 너무 많았다.

'서울깍쟁이들...'

예상과 다르게 그날은 첫 매출이 나왔다. 무려 4천 원이다. 지하철역에서 청소하시던 아주머니 두 분이 오셨다. 싸다는 말을 연신하며 맛있게 드셨다.

"맛있네요~(서울 사투리로)"

그러나 그들은 다시 모습을 보이진 않았다. 5일째 되던 날, 내 옆으로 한 아주머니가 작은 짐바구니를 끌고 오셨다. 그 짐바구니에는 훈제란이 담겨 있었다. 찢어진 박스 쪼가리에 크레파스로 이렇게 적혀있었다.

'1개 800원, 3개 2,000원'

내가 만들어온 포스터와는, 내가 만들어온 수제요거트와는 '정성'이라는 면에서 급이 달랐다. 하지만 정작 잘 팔리는 건 훈제란이었다. 말도 안 되는 일이었다. 심지어 그 아주머니는 훈제란을 팔면서 내 요거트를 홍보해주기 시작했다.

"여기 요거트도 맛있어요. 한번 드셔봐요."

멍해졌다. 나는 손님이 와도 실어증 환자인 것 마냥 아무 말도 내뱉지 못했다. 그렇게 내 요거트도 몇 잔 팔리기 시작했다. 출근 러쉬가 끝나고 아주머니와 이야기를 나누게 되었다.

그녀는 참 오래 여러 장사를 했다고 했다. 정육점을 했을 때 가장 대박을 냈고, 쪽박 친 장사도 있다고 했다. 돈을 꽤 많이 벌었지만, 나이가 들어 장사를 접었다고 했다. 지금은 딸이 자신에게 손자를 맡겼다고, 대부분의 일과는 손자를 봐주는 것으로 보낸다고 했다. 그러다 손자마저 유치원 캠프를 간 바람에 '심심'해서 나왔다고 했다.

'심심해서 장사를 하다니...'

내심 대단하다는 생각과 어이없다는 생각이 공존했다. 그리고 본인이 왜 맥반석을 선택했는지 찬찬히 알려주었다. 소비자의 시선과 재고의 유통 기한에 대한 얘기들이었다. 그러나 절대 나에게 이렇게 해라 저렇게 해라는 훈수는 없었다. 아이템을 잘못 선정했다는 얘기도 일절 하지 않으셨다. 그저 본인 얘기만 했다. 그 배려가 참 감사했다. 그 배려 덕분에 나는 장사의 기초를 배웠다. 그 예민한 상황 속에서도 일절 기분이 상하지 않고서 말이다.

내가 만든 수제요거트는 유통 기한이 거의 하루밖에 안 되었다. 남으면 버려야 했다. 그리고 쉽게 상할지도 모르는 음식이다 보니 길거리에서 사 먹는 것이 다소 부담스러운 종목이었다. 난 그걸 몰랐다. 내 입장에서만 소비자를 생각했다. 진짜 소비자의 입장을 고려하지 않은 것이었다. 심지어 그때는 계절마저 여름이었다.

혹시나 이 책을 통해 그 아주머니를 다시 만날 수 있으면 좋겠다. 성함도 연락처도 받지 못했지만 참 그립다. 능곡역에서 요거트를 팔던 청년 옆에서 훈제란을 팔던 아주머니를 아는 사람은 나에게 꼭 연락해주면 좋겠다. 감사했다고 말씀드리고 싶다. 그 청년이 지금은 이렇게 컸다는 것도 보여주고 싶다.

그렇게 일주일이 지나고 나는 요거트를 팔다 말고 매대를 팔았다. 장사를 접었다는 뜻이다. 혹자는 이렇게 말할지도 모른다.

'그래도 사람이 뭔가 해보기로 마음먹었으면 한 달은 해봐야지 않아?'

하지만 직접 안 해봤으면 말을 말자. 본인이 안 해본 일에 대해서는 훈수를 두지 말자. 길에서 장사하는 것은 보기보다 훨씬 힘들다. 못 믿겠으면 어디 한번 해보시라.

생각했던 것보다 몇 배나 힘들었다. 몸이 고된 건 아니었다. 마음이 문제였다. 수제요거트는 유통 기한이 짧아 금방 상해버렸다. 그럼 시큼한 냄새가 나기 시작한다. 나는 상하기 직전인 요거트가 아까웠다. 그래서 장사를 마치고 와서는 팔지 못하고 남은 걸 마셨다. 하지만 내 눈앞에는 마셔야 될 요거트가 너무 많았다. 마시다 보니 금세 코끝이 찡해졌다. 결국 눈물이 터졌다. 배가 부른데도 요거트를 억지로 마시는 순간, 눈물이 나버린 것이었다.

'내가 자초한 일인데도 이렇게 힘들 수가 있구나.'

자존감이라는 단어를 아는가. 자존감은 말 그대로 '자'기가 '존'재함을 '느끼다(감)'라는 뜻이다. 역 앞에 서 있는 나의 존재는 거의 무(無)에 가까웠다. 유령 취급을 받았다. 자존감은 가파르게 떨어졌다. 난 그 추락을 버틸 힘이 없었다.

그렇게 포기했다. 첫 도전이자 첫 실패였다. 쩍쩍요거트는 장 활동만 남긴 채 일단락되었다. 나는 한동안 요거트를 쳐다도 못 봤다.

돈을 내고서라도 해야 하는 알바 경험

마음이 아프니 몸이 아팠다. 우리가 행복하게 살아야 하는 이유는 아프지 않기 위해서다.

일주일을 내리 누워있었다. 하지만 움직여야 했다. 돈을 벌어야 생활비가 생긴다. 무엇보다 난 상경한 남자 아닌가. 이불 속에서 구인 공고 사이트를 들여다봤다. 수제버거집 아르바이트 공고가 보였다. 정성스럽게 자기소개서를 적어 제출했다. 사장님은 그런 나를 마음에 들어 했다.

새로운 환경이야말로 경험을 쌓기에 가장 좋은 방법이다. 수제버거집은 다소 바쁜 매장이었다. 이마트 내에 입점해 있는 가성비 햄버거집. 뭐가 되었든 대충 일하고 싶진 않았다. 정말 열심히 배우고 열심히 움직였다. 조금만 주문이 밀려도 뛰어다녔다. 업장에서 새롭게 알게 된 것은 작은 메모장으로 모조리 옮겼다. 그리고 퇴근길에는 그것을 외웠다. 가게에는 4년이나 일한 선배가 있었다. 그 선배가 말하길 이렇게 빨리 배우는 애는 처음 본다며 날 칭찬해주었다. 칭찬은 나를 춤추게 했다. 자존감이 차츰차츰 차올랐다.

그날따라 손님이 몰렸다. 보통은 한가한 시간대였는데. 선배와 나만 매장에 있었던 터라 우린 굉장히 분주해졌다. 마침 햄버거에 들어갈 양파 슬라이스가 다 떨어졌다. 선배는 내게 양파 슬라이스를 요청했다.

"제가 임의로 썰면 될까요?"

그는 말없이 고개를 저었다. 여긴 햄버거 가게이기에 동일한 두께의 양파 슬라이스가 필요하다. 그는 슬라이스 전용 기구를 꺼내주었다. 그 기구 위에서 양파를 밀어 잘라야 했다. 기구를 써본 적이 없다고 말하자, 선배는 다급하게 시범을 보여주었다. 그러곤 양파 두 개만 우선 잘라달라는 지시를 내게 내렸다.

신속하게 양파 두 개를 슬라이스로 만들어 낼 때쯤 사장님이 들어오셨다.

"채칼 치워봐!"

채칼을 치워보니 예상과 다른 그림이 펼쳐졌다. 나는 눈이 휘둥그레졌다. 거기 쌓여 있는 건 양파슬라이스가 아닌 갈기갈기 찢어진 양파였다. 알고 보니, 채칼의 두께 조절을 제대로 안 한 채 밀고 있었다. 채칼 아래는 불투명했기에 미처 인지하지 못했던 것이었다. 다급했던 선배의 실수이자 제대로 확인 못 한 나의 실수였다.

사장님은 갑자기 양파를 집어 바닥에 던지셨다.

"이게 슬라이스야XX!!!"

양파 두 개 값은 제 시급에서 까달라고 말하는 나에게 욕설을 퍼부었다. 순간 멍해졌다. 소름이 끼치도록 마음이 놀랐다.

사장 새끼, 아니 사장님의 얼굴을 째려보며 앞치마를 벗어던지고 자리를 박차고 나가는 상상을 했다. 하지만 현실은 물에 빠진 생쥐였다. 고개를 푹 숙였다. 몸이 떨렸다.

"… 죄송합니다. 죄송합니다."

사장님은 이내 자리를 떴다. 나는 떨어진 양파를 주웠다. 손이 떨렸다. 선배가 미안하다며 나를 토닥였지만, 이미 난 제정신이 아니었다. 시계를 보니 남은 근무 시간은 채 한 시간이 안 되었다. 시간이 멈춰버렸으면 하는 행복한 순간은 그리도 빨리 지나가더니, 지금 시간은 너무나 느리게 흘러갔다.

눈은 울고 있지만, 입은 미소를 띠는 얼굴로 남은 주문을 받고 있었다. 근무 후에 나오는 공짜 햄버거도 받지 않고, 다급히 빠져나갔다. 쫓아오는 사람도 없는데 쫓기는 사람 마냥 서둘러 집으로 향했다.

'일단 집으로 가자. 집으로.'

집에 가자마자 이불을 덮어썼다. 이제야 좀 안심이 되었다. 누구보다 열심히 하려고 했던 것이 잘못이었던 걸까. 열심히 했기에 더욱 마음이 아팠다. 자꾸만 무서운 생각이 떠올랐다. 그리고 그날 밤 사장님께 말씀드렸다. 그만두겠다고 말이다. 알바를 한지 겨우 한 달 된 시점이었다. 나는 그렇게 스스로를 어리숙한 사람으로 취급하기 시작했다. 뭐하나 진득하게 하지 못하는.

그날 이후로 자꾸 악몽을 꾸게 되었다. 내가 어릴 적 살던 아파트에서 누군가에게 쫓기는 그런 꿈. 있는 힘껏 계단을 오르고 내리며 도망가는 꿈. 심장이 쿵쾅쿵쾅 뛰었다. 달리고 또 달렸다. 꿈속에서의 나는 어떻게든 살기 위해 몸부림을 쳤다. 그렇게 눈을 떴다. 백수가 된 나는 또다시 이불 밖을 나오지 못했다.

'덜 바쁜 매장에서 일하면 되지 않을까.'

그래서 편의점 알바만 찾아봤다. 비록 경력은 없지만 정직함을 강조했다. 다행히 먹고 살 재주는 있었는지, 편의점 아르바이트를 금방 구했다. 교육 때는 시급을 줄 수 없지만, 일단 교육을 받으러 오라고 편의점 점주가 말했다. 지금 생각하면 말도 안 될 일이지만, 그 당시의 나에게는 충분히 합당한 일이었다. 아무것도 모르는데 무슨 돈을 받아. 친절하게 알려주면 감사할 일이지. (스스로를 너무 시급에 가두지 않았으면 좋겠다. 그래야 시급에서 벗어날 수 있다. 배움의 의미를 두고 무급으로도 뭔가를 배울 열정이 있다면, 조금 더 자유롭게 돈을 벌 수 있을 거라 믿는다. 이에 대해서는 뒤에서 한 번 더 설명하겠다.)

두 시간 정도의 기본 교육을 마치고 문을 나서는 순간, 한 통의 전화가 또 다시 걸려왔다. 이번에는 어느 마케팅 회사였다. 그곳에도 지원서를 넣었던 터라 연락을 준 모양이었다. (동거하고 있던 진영이 형의 친형 소개로 지원하게 된 곳이었다. 그 형도 내 인생에서 참 여러 도움을 주었다.)

"○○○마케팅 회사인데요. 구교찬씨랑 일을 같이하고 싶어서요."

방금 교육을 받고 나온 나로서는 굉장히 난감한 전화였다. 정말 감사하지만 솔직히 말씀드렸다. 편의점 아르바이트에 먼저 합격을 했다고 말했다. 내 나름대로는 상도덕을 지키려 했다. 그렇게 감사한 마음을 전하며 정중하게 거절 의사를 밝혔다.

"근데 교찬씨. 혹시 편의점은 몇 시에 출근하세요?"

이야기를 들어보니 파트타이머 정도만 필요한 상태라고 했다. 마케팅회사부터 출근했다가 편의점 아르바이트를 하면 어떠냐는 뜻이었다. 즉 오전 10시부터 2시까지 회사 일을 하고, 3시부터 10시까지 편의점 근무를 하면 되지 않겠느냐고 했다.

3초의 망설임이 있었다. 그리고 나는 '콜'을 외쳤다.

그렇게 하루하루가 아주 빡빡한 스케줄로 가득 찬 소위 '셀럽'의 삶이 시작되었다. 마케팅 회사는 몸이 편했다. 멋진 공간에 앉아 일하는 것도 좋았다. 간식도 먹을 수 있고 커피도

한 잔하며 업무를 볼 수도 있었다. 주로 내가 하는 일은 '잇님'(네이버 블로그 '이웃님'의 줄임말)을 외치는 일이었다.

여러 가게의 홍보 의뢰가 회사로 들어왔다. 우린 그들을 대신해 홍보를 해줘야 했다. 말 그대로 '홍보 대행' 업체였다. 해당 업체의 블로그를 개설해주고, 거기에 글을 업로드 하고, 이웃을 찾고, 그들과 소통을 하는 일이었다. 블로그에 포스팅을 할 때도, 이웃의 글에 댓글을 달 때도 난 '잇님'을 외쳤다.

이웃 추가를 하는 단순한 작업도 있었기에 좀 지루하기도 했다. 하지만 나름대로 재미가 분명 있었다. 이웃들의 포스팅을 읽다 보면 흥미로운 내용이 많았다. (사실 이웃의 포스팅을 안 읽고도 '좋아요'를 누르고 잘 봤다고 댓글을 남기는 경우도 많다.) 업체의 포스팅 글을 직접 작성하는 것도 재미있었다. 가끔은 억지로 쥐어짜야 해서 힘들기도 했지만.

그러다 하루는 대표님이 발을 동동 구르는 모습을 보았다. 마케팅에 필요한 모든 디자인을 외주로 해결하고 있었는데, 디자인 업체가 연락되지 않는다고 했다. 거래처는 디자인 수정을 요구했지만(실제로는 글자 몇 개 바꾸는 것이 전부였다) 누구도 해결을 하지 못하고 있었다. 근데 내가 할 수 있는 일 같았다. 사실 쩍쩍요거트 스티커를 만들기 위해 '일러스트레이터'를 공부해본 적이 있었다. 수정 내용은 그리 어려운 것이 아닌데, 다들 몰라서 무서워하고 있었다.

"대표님, 제가 엿들으려고 한 건 아닌데 혹시 제가 수정해 볼까요?"

그렇게 내 자리에도 일러스트레이터가 깔렸다. 떨렸다. 오랜만에 만져보는 툴이었다. 마우스를 침착하게 움직였다. 해당 파일을 열어 살짝 수정하고 재확인을 했다. 그럴듯하게 파일명도 바꿔서 저장했다. 다행히 아무 일도 없이 잘 넘어갔다.

그날 이후 대표님은 디자인 업무도 해줄 것을 내게 요청했다. 나는 흔쾌히 수락했다. 그날의 일은 디자인이라고는 1도 모르는 내가 디자인을 본격적으로 접하고 공부하는 계기가 되었다.

"중간만 해라."

당신도 들어본 적 있을 것이다. 섣불리 나서면 안 된다고들 얘기한다. '실수로' 중간 이상을 해버리면 업무가 늘어나는 경우가 많기 때문이다. 업무가 늘어나는 것은 굉장한 스트레스다. 같은 월급인데 일만 많은 것 아닌가. 하지만 나는 그렇게 생각하지 않는다. 어차피 당신의 퇴근 시간은 정해져 있지 않은가. 우리의 몸값이 뭐 그리 비싸다고, 좋은 경험을 마다하려고 하는가. 경험이 우리의 몸값을 높이는 일이다.

그렇게 댓글 알바생이 웹디자이너가 되었다. 초반에 했던 디자인들을 보면 정말 촌스럽기 짝이 없다. 그래도 조금씩 발전하는 게 눈에 보였다. 퇴근 후에 디자인 공부를 병행했다. 따로 시간을 내어 공부까지 한 이유는 대표님 요청에 부응하고 싶었기 때문이었다.

이때부터 시작된 웹디자인 실습은 훗날 내 인생에 너무나 많은 도움을 주었다. 어린 나에게 그런 일을 맡겨준 김범용 대표님께 이 자리를 빌려 감사의 마음을 전하고 싶다. 그때의 경험은 아마 최소 천만 원짜리는 되지 않았을까 싶다. 지금은 매장에 필요한 모든 디자인을 내가 직접 하고 있으니 말이다. 외주로 맡겼으면 어마어마한 금액이었을 것이다.

마케팅 회사에서 퇴근한 후에는 공용자전거를 이용하여 편의점까지 이동했다. (서울은 이런 부분이 참 잘되어 있다.) 오늘의 또 다른 출근이다.

편의점 아르바이트의 꽃이 무엇인 줄 아는가. 바로 '폐기 음식'이다. 유통기한이 지나 판매는 불가하지만 먹을 수는 있는 상품이다. 한 고등학생이 우리 편의점에 들어왔다. 라면 하나를 고심해서 집더니 계산을 했다. 그는 라면 끓이는 물을 받고 잠시 밖을 응시하고 있었다. 마침 폐기처리가 된 삼각김밥이 있었다. 이걸 주고 싶은데 용기가 잘 나지 않았다. 라면에 삼각김밥을 같이 먹는 것을 상상해봤다.

'라면과 김밥을 함께 먹는 건 마치 한 여름날에 에어컨을 켜고 이불에 들어가기인데...'

군침 도는 것을 참고 용기 내어 그에게 다가갔다.

"저기 혹시... 이게 판매는 불가인데 먹어도 되는 거라서요. 무료로 드릴까 하는데, 드시겠어요?"

그 학생의 반응은 기대 이상이었다. 삼각김밥 하나에 이렇게 기뻐할 수 있을까. 그는 편의점을 나가면서도 또 한 번 감사의 인사를 전했다. 정말 잘 먹었다며 행복한 미소를 잊지 않았다. 나는 그 반응이 너무 공감되었다. 돈 때문에 먹을 것을 참는 것이 얼마나 서러운지. 난 잘 알고 있었다.

아직도 기억에 생생한 것이 있다. 집에서 양념치킨 한 마리로 가족 네 명이서 나눠 먹던 일이었다. 더 먹고 싶어도 더 먹을 수 없었다. 눈치를 봐야 했다. 일부러 늘 적게 드시는 엄마에게 미안했다. 그런 일은 꽤 잦았다. (이제는 가족들과 배달음식을 시켜 먹을 때 절대 부족하지 않도록 넉넉하게 시킨다.)

하루는 꼬마 숙녀 두 명이 함께 들어왔다. 동생으로 보이는 꼬마의 한 손에는 천 원짜리 지폐가 들려있었다. 지폐를 펄럭이며 들어왔다. 마치 나에게 보여주기라도 하듯. 불길했다. 아니나 다를까, 1,300원짜리 과자 앞에서 그녀의 눈길이 멈췄다. 언니로 보이는 숙녀가 말했다.

"우리 이거 못 사."

하지만 꼬마 동생은 천 원을 보여주며 당당히 말했다.

"이게 있는데 왜 못 사?"

그 진지한 실랑이가 참 귀여웠다. 나는 금세 그 둘 옆으로 다가갔다. 그리고 설명해주었다. 이게 사실은 할인 중이라고. 할인해서 천 원이라고 말이다. 꼬마 숙녀의 얼굴은 화색이 돌았다. 그리고 꽉 쥐었던 천 원을 내게 건넸다. 저렇게 작디작은 손에 있는 천 원은 얼마나 커 보였을까. 무엇이든 살 수 있을 것만 같았을 것이다. 바코드 스캐너로 과자를 찍고 꼬마 숙녀에게 내주었다. 그녀가 웃었다. (자본주의 미소인 걸까. 그건 아니겠지.) 그리고 나는 내 민트색 가방에 손을 집어넣었다. 거기서 300원을 꺼냈다. 그렇게 포스기 돈 통의 시재(時在)를 맞췄다. (들어오고 나간 돈의 액수와 현재 보유중인 현금을 비교하여 확인하는 작업을 "시재를 맞춘다"라고 한다.)

어느 날은 한 아저씨가 들어와 소주만 두 병을 구매했다. 그리고 편의점 밖 테라스 자리에서 소주를 드시기 시작했다. 안주가 될 만한 무언가를 가지고 오신 건가 싶었는데 아니었다. 묵묵히 소주만 드셨다. 한 잔. 두 잔. 마침 폐기되려는 타코야끼가 눈에 보였다. 속이 너무 쓰릴 것 같다는 생각이 들어 타코야끼를 전자레인지에 돌렸다. 이쑤시개까지 꽂은 후

조심스레 건넸다. 그리고 라면만 샀던 고등학생에게 말했던 것처럼 같은 설명을 했다. 나의 설명에 아저씨는 고개를 돌려 나를 올려보았다. 그의 눈망울은 울기 직전의 초등학생의 눈망울과 다를 바 없었다.

"선생님..."

한낱 알바생이 선생님으로 둔갑하는 순간이었다. 그는 눈물을 흘렸다. 그리곤 자신의 사정을 늘어놓기 시작했다.

그의 아내는 지금 병원에 있었다. 병원에서는 처음 말했던 치료비와 너무나도 다른 금액을 제시했다고 한다. 그가 도저히 감당할 수 없는 금액이었다. 자신의 자책과 병원에 대한 분노가 이곳까지 이끈 것이었다. 그리고 편의점에서 술을 마신 다음, 병원에서 난동을 부릴 생각이었다. 마음이 너무 아팠다. 하지만 내가 해줄 수 있는 것은 아무것도 없었다. 그는 눈물을 닦더니 다소 진정이 되어 보였다.

"그만 마시고 가서 잘 얘기 해보려고요. 선생님 감사합니다!"

감사하다는 말을 몇 번이고 뱉었다. 토해내듯 말했다. 그렇게 그는 나쁜 생각들을 떨쳐버리고 병원으로 돌아갔다. 마음 한편이 먹먹했지만 참 다행이었다. 아무것도 할 수 있는 것이 없어 보였는데, 작게라도 도움이 된 것 같았다. 안도의 한숨을 내쉬었다.

마케팅 회사에서도 편의점에서도 나는 참 잘 지내고 있다고 생각했다. 셀럽(?)의 삶을 사는 만큼 돈도 잘 모였다. 이런 저런 경험을 성공적으로 하며 나 자신을 알아갔다. 그러나 그 기쁨은 오래가지 못했다. 나는 다소 '이상함'을 감지했다.

뭘 하면 두근거릴까?

큰 변화라고 하기에는 웃기지만, 이상한 습관이 하나 생겼다. 그동안은 폐기 음식을 손님들에게 잘 나눠 드렸는데 이제는 나눠 주지 않고 내 가방에 하나둘 집어넣었다. 욕심이 났다.

퇴근 시간이 점점 기다려졌고, 집에 빨리 가서 쉬고 싶었고, 퇴근하면 노트북부터 펴서 오늘 가져온 폐기 음식을 하나둘 꺼내 먹었다. 〈나 혼자 산다〉 같은 예능 프로그램을 보면서 신나게 먹었다. 너무 허기졌기에 밤마다 과식을 했다. 그리고는 기절하듯 잠을 잤다. 다음 날 아침은 상쾌할 수가 없었다. 알람을 못 듣기 일쑤였고 고통스러웠다. 출근이 싫어지기 시작했다. 제발 조금이라도 더 자고 싶었다. 아침마다 그 욕구가 너무 강했다.

회사에서는 아메리카노와 함께 초콜릿을 섭취했다. 그리고 믹스 커피를 한 움큼씩 챙겨 편의점으로 출근했다. 편의점 라면 끓이는 물에 믹스커피를 녹였다. 하루 다섯 잔 정도를 마셨다. 마시지 않으면 심하게 졸렸다. 머리가 끊어질 듯 아프기도 했다. 그러고 퇴근 후에는 폐기 음식으로 허기를 채우고 기절하듯 잠이 들었다. 그런 하루를 반복하며 살았다. 물론 퇴근 후에 야식을 먹을 땐 참 행복했다.

그러다 서서히 몸에 변화가 생기기 시작했다. 비염이 갈수록 심해졌다.

'이건 분명 뭔가 단단히 잘못됐어.'

내면의 소리가 적적한 방에 울려 퍼졌다. 맑은 콧물은 끝없이 흘러내렸다. 화장실을 열 번 이상은 다녀와야 겨우 출근할 수 있었다. 일하는 도중에도 코를 풀기 위해 화장실을 자주 왕래했다. 멈출 줄 모르는 콧물에 일에 대한 집중도는 현저히 떨어졌다. 눈도 전보다 훨씬 건조해졌다. 햇빛을 보는 것조차 힘들 지경이었다. 출근하는 버스 안에서는 늘 눈을 감았다. 그리고 죽은 듯 앉아있었다. 세상이 필요로 하는 인간은 살아있는 인간인데, 나는 죽은 인간일지도 모른다는 생각이 들었다.

주말이 '온 것'이 아니라 주말에 겨우 '닿았다'. 힘겹게 닿았다. 금요일 밤이면 내일은 미친 듯이 자야지, 라는 다짐을 몇 번이고 했다. 토요일 오전을 그렇게 자고 오후가 되어 일어났지만 피로는 풀리지 않았다. 머리가 깨질 듯 아팠고 만사가 귀찮았다. 상태가 꽤 심각했다. 그렇다고 부모님께 말씀드릴 수도 없었다.

어느 토요일의 낮, 내 앞에는 의미 없는 유튜브 영상들이 끝없이 자동 재생되고 있었다. 그러다 김미경 강사의 강의가 나왔다. 퀭한 눈으로 그녀를 보며 '참 멋있다'라는 힘없는 표현만 나왔다. 노트북 속 그녀가 말했다.

"5년 뒤에는 당신이 어떤 사람이길 바라요?"

흔한 질문이었다. 평소 같았으면 듣고 흘렸을 질문이었다. 그러나 그날은 달랐다. 나는 지금 이 상황에서 간절하게 벗어나고 싶었다. 정말이지 너무 간절했다. 스페이스바를 눌러 영상을 멈추었다. 잠시 멈추어 생각해보기로 했다.

'뭘 하면 두근거릴까?'

'뭘 하면 5년 뒤, 내가 생각하는 지금보다 더 나아질까?'

여행을 떠난다면 좋을까? 그런데 그것보다 먼저 떠오른 건 강의였다. 그 중에서도 모교 후배들에게 강의할 수 있다면 얼마나 좋을까. 아니, 얼마나 기분이 째질까. 상상만으로도 심장이 터질 것 같았다.

상상 속의 나는 굉장히 에너지가 넘쳤다. 얼굴은 생기가 넘쳤고 몸도 좋았다. 피부마저 깨끗했다. 깔끔한 용모로 힘 있는 강의를 하고 있었다. 후배들은 내가 하는 말에 웃기도 울기도 했다.

눈을 떴다. 다시 현실로 돌아왔다. 고개를 돌려본 거울 속 나의 몰골은 엉망이었다. 심장이 터질 듯한 상상 속의 '나'와 현실의 '나'는 적나라하게 달랐다. 다크서클은 늘어질 때로 늘어나 있었고, 피부는 퍼석하기 짝이 없었다. 울긋불긋한 얼굴에 눈은 퀭했다. 몸은 근육 하나 없이 야위었다. 어깨는 굽었고 수염조차 정리되지 않았다.

'어디서부터 잘못된 것일까.'

다음날 아침. 나는 일어나자마자 서점으로 향했다. 서점에 도착하여 자리를 잡았다. 그리고 건강과 관련된 책 몇 권을 뽑아들고 앉았다. 서점에서 그러고 있자니 다소 민폐 같았지만 어쩔 수 없었다. 너무나도 간절했다. 적어도 다섯 권 정도는 읽어야 확실한 정보를 얻을 수 있을 것 같았다. 식사도 근처에서 해결하고 아침부터 밤까지 검은색 글자를 도저히 못 읽겠다 할 정도로 책을 읽었다. 그때까지만 해도 난 독서를 즐기지 않았다. 하지만 유튜브가 아닌 책에서 정보를 얻으려고 했던 건 조금이라도 더 신빙성 있는 정보를 얻고자 위함이었다.

"YOU ARE WHAT YOU EAT."

어떤 책을 보더라도 꼭 나오는 문장이었다. 네가 지금 먹고 있는 음식이 곧 '너'라는 뜻이었다. 즉 먹는 것이 중요하다는 말이다. 책에서는 영양소를 맞춰 식사하는 것이 매우 중요하다고 설명했다. 탄수화물, 단백질, 식물성 지방, 섬유질 등 한 끼 만이라도 잘 먹기로 결심했다. 양상추(야채)와 찐 고구마(탄수화물), 삶은 돼지고기(단백질), 아몬드(식물성 지방) 이렇게 네 가지를 매일 먹었다. 그리고 아침에 일어나서는 공복인 상태로 밖으로 나가 10분이라도 뜀박질을 했다. 아무리 추운 날이라도 지켰다. 롱패딩에 장갑과 귀마개까지 하면서 뛰었다.

'건강한' 허기짐이 찾아왔다. 허기짐은 간이 안 된 음식도 꽤 달콤하게 느껴지게끔 했다. 커피는 하루에 한 잔만 마시기로 했다. 대신 틈만 나면 물을 마셨다. 피부가 점차 깨끗해졌고, 얼굴에 생기가 돌기 시작했다.

한 달밖에 되지 않았는데도 많은 변화가 일어났다. 몸의 움직임이 가뿐해지고 뾰루지가 가라앉았다. 그리고 밤 10시 정도만 되면 잠이 쏟아졌다. 수면의 질이 높아졌고, 두 달이 지났을 때쯤 비염이 사라짐을 알아챘다. 기적이었다.

요식업 창업을 결정하다

서울(정확히는 고양시 일산)에서 정신없이 1년이라는 시간이 흘렀다. 그사이 머릿속으로 많은 재료를 집어넣었다. 퐁당퐁당 재료를 넣은 다음 불을 올리고 서서히 끓였다. 어떤 멋진 요리가 나올까?

나라는 사람이 어떤 사람인지 하나둘 드러났다. 쩩쩩요거트 판매는 비록 실패로 돌아갔지만, 그것을 상상하는 일은 정말 즐거웠다. 즉 나는 새로운 일을 하는 것과 반짝이는 아이디어 내기를 좋아했다. 그리고 음식을 만드는 것에도 꽤 흥미가 있었다. 또 누군가를 돕는 일을 좋아했다. 나 자신이 누군가를 도울 수 있다는 사람임에 뿌듯함과 행복감을 느꼈다. 대신 반복적인 일에는 흥미를 못 느꼈다. 그리고 생각보다 돈에 대한 갈증이 그리 크지는 않았다. 관심이 없다는 아니었다. 못 벌면 마치 큰일이 날 것처럼 불안하거나, 두 눈이 빨개질 정도로 너무 많이 벌고 싶다, 할 정도가 아니었다. 일을 잘하면 잘 한만큼, 딱 그 정도로만 벌고 싶었다.

그 중에서 나 스스로도 이상하다고 생각할 정도였던 모습은 '나는 고객을 응대할 때 정말 행복하다'는 것이었다. 만약 이 문장이 진짜라면 학교 공부를 포기하는 것이 맞을지도 몰랐다.

12년 공부해서 어렵게 간 좋은 국립대학교의 인기 학과였다. 만약 취업이 아닌 다른 길을 선택한다면 부모님께서 대로 하실 것이 불을 보듯 뻔했다. 하지만 솔직해야 했다. 지독히 솔직해지기로 했다.

'부모님께서도 내가 행복하길 바라실 거야.'

많은 친구들이 부모님의 바람을 이루어 드리려고 한다지만, 결국 부모의 바람은 아들딸의 행복이다. 부모는 자식이 그 저 '아직 어려서' 잘 모른다고 생각한다. 그래서 약간의 강요가 들어갈 뿐이다. 만약 당신을 어리게만 보지 않는다면 부모님은 무작정 무언가 되라, 무언가 하라, 라고 얘기하는 대신 이렇게 물어볼 것이다.

"우리 딸, 뭘 할 때 가장 행복해?"

그러니 부모의 바람을 떨쳐버리는 일을 너무 무서워할 필요는 없다. 대신 여러 경험을 하면서 내가 어떤 일을 해야 행복할지 진지하게 고민해야 한다. 그리고 부모의 시선, 친구의 시선, 사회의 시선에서 벗어나 나 자신에게 솔직해지면 된다. 그리고 그 일과 함께 행복하게 살면 된다. 결국 부모님도 당신이 행복해 하는 것을 보면서 좋아해 줄 것이다.

드디어 요리(어떤 일을 할까에 대한 내 고민의 답)가 완성되었다. 물론 이것이 마지막 요리는 아닐 것이다.

난 '요식업 창업'을 선택하기로 했다.

보통 '요식업 창업'하면 먼저 떠올리는 업종이 주점이나 카페다. 한마디로 물장사다. 마진도 높고 흔하기도 해서 많이들 선호한다. 나도 별반 다르지 않았다. 막연히 카페나 차려보면 어떨까, 하는 생각부터 했다.

당신도 '카페'에 대한 로망이 있는지 모르겠다. 친구들이 찾아오고 예쁘다고 감탄해주는 공간, 나이가 좀 들면 예쁜 카페 하나 차려 여유롭게 생을 보내고 싶다는 그런 로망, 내가 마실 커피는 내가 직접 내려 먹으며 근사한 소파에 앉아 독서를 하는 그런 상상. 이런 소망이 생기는 것도 '주체성'과 연관이 깊다. 내가 직접 꾸민 공간에서 내 마음대로 시간을 쓰며 여유 있게 일하고 싶다는 마음이다. '남의 일'이 아닌 '내 일'을 하고 싶다는 욕망. 그 욕망을 '로망'이라고 부르곤 한다.

커피를 지독히 좋아한 이유도 한몫했다(나중에는 커피가 내 몸에 맞지 않다는 것을 알았지만). 카페를 차리겠다고 결심하는 것과 어떤 카페를 차릴지 고민하는 것. 모두 심장이 두근거리는 일이었다. 살아있음을 느꼈다고 해야 할까? 두 눈이 반짝거렸다.

당신의 눈망울은 어떤가. 아마 눈이 반짝이지 않은 삶을 산지 꽤 오래 되었을지도 모르겠다. 하지만 당신에게도 두 눈이 반짝이는 그런 시기가 분명히 있었을 것이다. 그때를 잊어서는 안 된다. 세상에는 눈이 반짝이는 '살아있는' 사람이 필요하다.

다시 돌아가 보자. 사실 난 커피를 마실 줄만 알았지 내릴 줄은 몰랐다. 그래서 카페 아르바이트를 해보기로 했다. 서울에서의 마지막 4개월은 '아티제'라는 카페 브랜드에서 근무를 했다. (그때 함께 일했던 직원분 중 한 분은 아직도 나와 연을 이어가고 있다. 내가 창업한 샐러드 카페의 점주로서 말이다.)

카페 일을 해보니 더욱 확신이 들었다. 이곳에서도 고객을 응대하는 과정이 너무 좋았다. 행복했다. 난 외국인 손님에게까지도 좋은 인상을 남기고 싶었다. 그들도 똑같은 손님이니까. 그들에게 영어로 응대하고 싶었다. 우선 내가 한국어로 어떤 말을 하고 싶은지 생각해보았다. 그리고 그걸 영어로 작문했다. 지하철을 타러 가는 길에 마치 외국인 손님이 있는 것 마냥 문장을 뱉어보는 연습을 해봤다. 상황 리허설을 해보는 것이었다. 누구도 내게 연습을 시킨 적은 없었다. 누가 돈을 더주겠다고 한 것도 아니었다. 그냥 내가 좋아서 한 것이었다.

"Sir, what are you looking for?" (무엇을 찾고 계신가요?)

라운딩(홀이 깨끗한지 확인하는 과정)을 하는 도중에 외국인 손님의 움직임을 감지했다. 뭔가를 찾고 있는듯한 표정으로 이리저리 둘러보고 있었다. 난 다가가 연습했던 문장을 던졌다. 역시나 화장실을 찾고 있었다.

"Maybe It's your first time to visit. Could you follow me?" (이 카페가 처음인가 보군요. 저를 따라오시겠어요?)

길 안내 멘트와 더불어 음료 소개, 적립, 진동벨이 울리면 어떻게 해야 하는지 등 여러 상황별 영어 문장을 적고 외웠다. 물론 내가 일한 카페는 관광지에 있는 곳은 아니었기에 영어로 응대해야 하는 경우는 아주 가끔이었다. 하지만 그 순간을 위해 연습한 나의 노력은 그들에게 더욱 큰 감동이 될 것으로 생각했다.

용케도 그들은 나의 노력을 알아봐 주었다. 한국어로 쪽지를 남기고 가기도 하고 먹을 것을 나눠 주기도 했다. 인스타그램 팔로우를 하자고도 했다. 행복했다. 참으로 기쁜 일이 아닐 수 없었다. 혹자는 나의 얘기를 듣고 이렇게 얘기할지도 모른다.

"미국에 가면 종업원들이 우릴 뭐 한국어로 응대해주나? 그러니 우리도 한국어로 당당하게 응대해도 돼."

맞다. 한국어로 응대해도 된다. 한국 땅에서는 영어로 꼭 응대해야 하는 것은 아니다. 우리보다 선진국이라서 그런 것도 아니다. 하지만 이렇게 생각해보자. 미국 여행 중에 어떤 식당에 들렀다고 치자. 내가 식사를 마치고 나갈 때쯤 종업원이 이렇게 말한다.

"다으메 또 만낫욕"

이렇게 인사해준다면 어떨 것 같나. 우스꽝스럽지만 귀여울 것이다. 당신은 분명 한 번 더 뒤돌아 볼 것이다. 웃음이 새어나올지도 모른다. 하지만 이 웃음은 고맙고 감사함의 웃음이다. 그 업장과 종업원은 당신 머릿속에 잊히지 않는 좋은 기억으로 남는다. 그러니 사대주의는 아니다. 그저 그들의 입장을 고려해본 것뿐이다. 그게 고객 서비스의 핵심이다. 어떻게 응대해야 손님이 기뻐할지 생각해보고 실천할 뿐이다.

진정으로 고객을 응대하는 것. 나는 그 일이 행복했다. 누가 뭐래도 말이다.

+ 창업 전, 알바 경험 쌓기

Q. 창업 전, 창업하려는 업종을 먼저 경험해보는 것은 매우 중요합니다. 그렇다면 어느 정도의 경험이면 충분하다고 할 수 있을까요? 시간적, 질적 경험의 깊이가 어느 정도여야 할까요? 저는 이렇게 했답니다.

A. 배우기 위한 아르바이트는 1년 이내로만 할 것을 추천해 드립니다. 즉 1년 이상 경험하는 것을 추천하지 않습니다.

'승자는 일단 달리기 시작하면서 계산을 하지만, 패자는 달리기도 전에 계산부터 하느라 바쁘다'라는 말이 있습니다. 유대 경전에 나오는 말입니다.

창업 전에 그 일을 배워보겠다는 의지로 아르바이트를 시작하는 사람이 많습니다. 그러나 6개월이 지나고 1년이 지나도 계속 그 일을 하는 경우를 정말 많이 봤습니다. 익숙해지면 직원으로서의 마인드만 굳어질 뿐입니다.

가게를 운영하는 방법은 정말 다양하지만, 1년 이상 일하다 보면 그 가게의 매뉴얼이 전부인 양 고착화됩니다. 그리고 무엇보다 창업의 열정과 의지가 점점 사그라집니다. 창업이 다시 무서워지기 시작하는 것입니다.

그렇게 주저하다 보면 결국 아무것도 못 하고 포기하게 됩니다. 아르바이트하는 기간이 사업의 성공과 비례한다고 착각하면 안 됩니다.

아르바이트를 하는 동안은 돈을 너무 따질 필요는 없습니다. 조금 더 일찍 출근하고 조금 더 늦게 퇴근하더라도, 가게의 전반적인 부분을 보는 것이 중요합니다. 그리고 매뉴얼로 나와 있는 것들에 의문을 갖는 것이 중요합니다. 왜 이 메뉴를 메인 메뉴로 정했는지, 메뉴 가격은 어떻게 책정했는지, 왜 이 시간에 문을 열고 닫는지, 왜 이 조리기구와 식기류를 쓰는지 등 사소한 모든 것들에 의문을 갖는 것이 필요합니다.

손님을 더 끌어모을 방법에 대해 고민해보는 것도 좋습니다. 물론 의욕이 없는 사장님을 두고 있다면 쉽지 않겠지만. 그래도 끊임없이 생각해보고 제안을 해보세요. 사업을 간접적으로나마 경험해 볼 수 있습니다.

창업을 위해 아르바이트를 한다면 다음의 다섯 가지는 꼭 기억해두면 좋겠습니다.

1) 오픈조, 미들조, 마감조 모두 경험하기

2) 에어컨, 공기청정기, 커피머신기 등 모든 기물 관리법 숙지하기

3) 신메뉴가 만들어지는 과정에 동참하기

4) 직원들이 왜 그만두는지 혹은 왜 오래 다니는지 이유 파악하기

5) 주방 동선의 불편한 점 체크하기

이 정도의 경험을 모두 내 것으로 만들었다면 하루빨리 사장이 되는 게 좋습니다.

니가 뭘 해봤다고 창업이니

상경했던 아들은 대구로 돌아왔다. 금의환향이라는 단어와는 전혀 어울리지 않는 모습이었다. 떨리고 다소 비장한 모습이 더 어울렸다.

기어코 나는 창업을 하겠다고 말씀드렸다. 부모님은 역시나 말리셨다.

"네가 뭘 해봤다고 창업을 하니?"

완강한 거절 의사를 넘어 부탁에 가까운 말씀을 하셨다. 취직해서 5년 정도 일을 좀 배우고, 돈도 모으고, 그때 가서 창업을 하는 것도 나쁘지 않다고 했다. 하지만 나 또한 완강했다.

왜 지금 창업을 해야 하는지 내가 부모님께 전한 논리는 다음과 같았다.

1)약 5년 뒤에 내가 이 일에 똑같이 설렌다는 보장이 없다. 하고자 하는 열정은 시간이 지날수록 식는 것이 당연하다.

2)창업을 한 후, 설사 실패한다 하더라도 회사는 나를 뽑고 싶어 할 것이다.

3)나는 행복하게 살고 싶고 그러기 위해서는 좋아하는 일을 하며 사는 것이 중요하다.

이 중 두 번째 주장에는 세 가지 근거를 추가로 붙였다.

"회사를 운영하는 데에 있어서 큰 지출이 생기는 것 중 하나가 '직원 이탈로 인한 신규 채용과 그에 따른 교육 비용'이에요. 만약 제가 얼마 못 버티고 폐업했다고 쳐요. 그럼 저는 이미 창업 실패를 맛본 사람이잖아요? 회사에 다니며 허튼 생각을 할 리가 없어요. 그리고 빚도 어느 정도 있을 거예요. 그러면 충성심을 갖고서 회사에 다녀야 할 거예요. 그리고 자신의 가게를 만들어 본 사람은 사장의 시야를 갖게 돼요. 직원으로만 일해본 사람은 사장의 입장을 절대 모르죠. 그러니 회사는 분명 저를 뽑고 싶어 할 거예요. 처음부터 직원이었던 사람이 과연 감사한 마음을 갖고 일할까요? 사장이 얼마나 어렵다는 걸 알고 나면, 직원이 되어 일하는 것이 얼마나 다행인지를 알며 회사에 다니겠죠."

그리고 세 번째 주장에는 서울에서의 경험이 탄탄하게 자리하고 있었다.

이제는 그냥 고집만 피우는 철부지 아들이 아니었다. 열심히 부딪히고 열심히 고민했다. 그만큼 내가 하는 말에 자신이 있었다. 사업을 잘해낼 자신은 없었지만, 내가 이 사업을 좋아할 거라는 확신은 분명했다. 지레짐작만은 아니었다.

자식 이기는 부모는 없다고 하지 않던가. 결국은 내가 이겼다. 부모님은 허락 아닌 허락을 해주셨다. 내가 두 분을 완벽하게 설득시킨 것은 아니었다. 이해할 수 없어 포기하신 것이었다. 그리고 줄곧 걱정하셨다. 그리고 부모님은 훗날 나에게 얘기해주셨다. "사회인으로서 살아가는 것은 생각보다 험난한 여정인데, 더군다나 창업의 삶이라니. 그 길에서 어린 네가 큰 상처를 받고 낙심할까 봐. 그게 가장 걱정이었다."라고 말씀하셨다. 하지만 당장은 그런 걱정을 알 리 없는 나는 창업을 마치 운명인양 받아들였다.

꽃이 피기 시작하는 3월이 서서히 다가오고 있었다. 나는 도서관으로 향했다. 책을 좋아하지 않던 내가 이렇게 도서관으로 향한 것에는 서울에서의 삶을 180도 바꿔준 것도 바로 책이기 때문이었다. 창업 또한 책에서 많이 배울 수 있을 것으로 생각했다.

브랜딩, 마케팅, 소비 심리, 인테리어, 세금, 창업 기초, 직원 관리 등 카페 창업과 관련된 여러 분야의 책을 한 권씩 읽었다. 그냥 가벼운 책을 읽듯 하진 않았다. 공부하듯 읽어나갔다. 독서조차 능동적으로 내가 선택한 일이었다. 시험 공부할 때와는 전혀 다른 만족감이 생겼다.

눈 앞의 책은 초보 사장의 여러 궁금증에 친절히 답을 해주었다. 그렇게 재밌을 수가 없었다. 옆에는 노트를 펴놓았다. 책을 읽다가 기억하고 싶은 부분들을 옮겨 적었다. 그리고 다음날이 되면, 전날 노트에 적어둔 내용을 다시 복기했다. 학교

시험 기간 때 처절하게 공부한 것에 비하면 반의반도 안 되는 공부량이었다. 그러나 속이 꽉 찬 하루하루를 보내는 느낌이 들었다.

내가 정말 관심 있는 분야의 공부를 능동적으로 한다는 것. 그것만큼 멋지고 뿌듯한 일이 있을까. 그것이 진짜 공부다, 라는 생각이 들었다. 스스로를 멋지게 봐주고 있다는 생각에 자존감이 오를 수밖에 없었다. 꼭 남들이 부러워할 만한 결과가 나와야만 자존감이 높아지는 것은 아니다. 진짜 자존감이 오르는 타이밍은 '스스로가 잘살고 있다는 느낌을 받을 때'다. 어떠한 결과도 필요치 않다.

나는 쉬는 날을 정하지 않고 매일 도서관으로 향했다. 한 시간이라도 좋으니 책을 읽고, 메모하고, 고민해보는 일을 반복했다. 그렇게 두 달이 흘렀다. 창업과 관련된 책 여섯 권 정도는 충분히 읽을 수 있는 시간이었다. (당시 도서관에 가는 것 말고는 하는 일이 없었다. 그래서 읽기 능력이 부족한 나도 한 달에 세 권 읽기가 충분히 가능했다.) 마냥 무섭고 겁이 났던 창업의 길이 조금씩 선명해지기 시작했다. '앎'으로서 두려움은 일부 해소되는 듯했다.

학창 시절, 예방 접종을 할 때면 늘 무서웠다. 나를 더 무섭게 하는 건 친구들의 반응 때문이었다.

"존x게 아프네 진짜!"

친구들은 꼭 아픈 연기를 했다. 나는 아직 주사를 맞기 전이라 얼마나 아픈지 알 길이 없다. 그저 친구들의 반응만으로 유추할 뿐이다. 창업도 마찬가지다. 모르니까 무서운 것이다. 예방 주사가 무서운 이유는 얼마나 아플지 모르기 때문이다. 어른인 나는 이제 주사 맞기를 무서워하지 않는다. 어느 정도 아픈지 알기 때문이다.

실제로 해보기 전이지만, 창업에 대해 알아갈수록(알아간다고 생각할수록) 무서움이 줄어들었다. '해볼 만 하겠다'라는 생각이 점차 들었다. 아프면 얼마나 아플지도 대략 예측이 되었다. 어두웠던 동굴이 점차 선명해지자 나아갈 용기가 생기기 시작했다. 당신이 만약 어떠한 도전을 생각만 하고 실천을 못하고 있다면 이런 말을 전해주고 싶다.

'도전하지 못하는 것을 보고 자신을 겁쟁이로 치부하지 말라. 그저 잘 몰라서 두려운 것뿐이다.'

창업 스터디를 해도, 강의를 나가도 늘 한결같은 곡소리다. 용기가 없단다. 공부를 해봤느냐고 물어보면 하나같이 별로 안 해봤다고 한다. 자신감이 생길 때까지 공부해야 한다. 그럼 용기가 생긴다. 그리고 창업을 위한 공부는 당신이 취업을 위해 공들이는 시간보다 훨씬 짧다.

모두가 가려는 길은 경쟁률이 높을 수밖에 없다. 대다수가 그곳으로 가려고 하니까. 하지만 들어서기는 쉽지만 완주는 쉽지 않다. 점점 더 잣대는 높아질 수밖에 없다. 이제는 학사 졸업이 부족하고 석박사는 되어야 취업이 수월하다는 말이 있지 않은가.

　공부를 충분히 했는데도 망설여지는 데에는 또 다른 큰 이유가 있다. 바로 창업 자금이다. 나 역시 창업을 하자니 돈이 턱없이 부족했다. 내가 모은 돈과 아버지께 손 벌린 돈을 합치면 2천5백만 원 정도가 전부였다. 보통은 가게 보증금이 최소 1천만 원 이상이다. 그럼 1천5백만 원으로 매장 인테리어, 메뉴 개발, 예비 자금까지 충당해야 한다는 계산이 나온다. 지금이라도 아르바이트를 더 해야 하나 고민이 되었다. 하지만 나는 알고 있었다. 아르바이트를 다시 시작하며 '천천히 아이디어를 발전시켜 나가볼까'라는 생각이 굉장히 위험하다는 사실을. 하고자 했던 설렘과 열정은 빠르게 식어갈 것이다. 결국 온갖 핑계들을 만들며 포기할 것이다. 나는 '지금' '당장' 창업하고 싶었다.

　부동산 업자분은 나를 데리고 이곳저곳을 다니셨다. 한 임대 상가를 보고 나오는 길에 난장판이 되어있는 허름한 가게가 보였다. 그러나 그곳을 보자는 이야기는 없었다. 돌아가는 길에 그 가게에 대해 여쭤봤다. 일부러 보여주지 않았다고 했다. 건물이 굉장히 노후화되었으며, 세 번이나 빠르게 망한 자리라고 했다.

"아무래도 저 자리, 기운이 안 좋은 것 같아요."

그래서 내게 추천하고 싶지 않다고 했다. 그러나 그 자리의 장점은 보증금이 500만 원이라는 점이었다. 자취방과 별반 다르지 않은 수준의 보증금이었다.

나로서는 선택의 여지가 없었다. 계약해야 했다. 수중에 있는 자금을 가지고 유일하게 해볼 만한 곳이었다.

부동산 업자분의 만류에도 결국 나는 계약을 감행했다. 그는 나에게 복비도 받지 않겠다고 했다. 그렇게 덜컥 나만의 공간이 만들어졌다.

'이게 진짜 가능할까...'

사실 무턱대고 계약을 한 것은 아니었다. 그곳은 내가 다니고 있는 대학교의 상권 중 하나였다. 메인 상권은 아니지만 경상대, 법학대와 가까운 곳이었다. 타 과와 비교하면 여학생 비율이 높은 과였다. 그리고 학생들이 식사하기에 마땅한 가게가 많이 없다는 사실에 주목했다. 어떤 아이템이 어느 동네에서 잘 될지는 사실 예측이 어렵다. 하지만 적어도 내가 몸담고 있는 동네라면 그러한 예측이 조금은 신빙성이 있지 않을까 생각했다.

렌트프리(인테리어 기간 동안 월세를 면제해 주는) 기간을 받은 나는 매일같이 가게에 갔다. 그리고 그전 임차인이 두고 간 의자에 앉아 사색에 잠겼다. 다른 가게는 쳐다보지도 않았다. 괜히 기가 죽을 것 같았다. 공부했던 것들을 하나씩 그려보기 시작했다.

'매장의 컬러를 어떻게 정하고, 얼마나 써야 하며, 매대의 높이는 어느 정도가 되어야 하며, 전등의 높이는 얼마나 되어야 하며...'

책에서 배우긴 했지만 한 번도 적용해본 적은 없었다. 지식은 있지만 처음이라는 두려움이 있었다. 없다면 거짓말이다. '진짜 이게 맞는 걸까?' 의심이 자꾸 나를 괴롭혔다.

매장과 브랜드를 만드는 데에 있어서 이랑주 대표의 『좋아 보이는 것들의 비밀』이라는 책이 큰 도움이 되었다. 그 외에도 개그맨 출신의 사업가 고명환씨부터 브랜드보이, 배달의 민족 김봉진 대표, 백종원 대표 등 여러 창업 선배들의 조언이 머릿속을 스쳐 갔다. 나는 책 속에서 만난 여러 선배들의 이야기를 믿고 그냥 밀고 나가기로 했다.

우선 테이블 네 개 정도를 둘 수 있는 아담한 12평 카페를 만들어 볼 생각이었다. 여러 멋진 이름부터 떠올랐다. 하지만 정하는 게 쉽지 않았다. 답답한 나머지 가게 밖으로 나왔다가 힐끔 옆 가게들을 보고 말았다.

'헉!'

정신이 혼미했다. 가만 보니 양옆이 카페였다. 잊고 있었다. 나는 두 카페 사이에 또 하나의 카페를 만들려고 했던 것이었다. 이건 상도덕에 어긋나 보였다. 그리고 두 가게 모두 이전에 이용해본 적이 있는 곳이었다. 두 카페는 앙숙 관계였다. 가격이든, 포인트 적립이든, 메뉴든 서로를 굉장히 의식하고 있었다.

'카페는 안 되겠다.'

그럼 내가 뭘 팔 수 있을까. 사실 내가 가진 경력 중 카페 아르바이트는 4개월이 전부였다. 그래서 딱히 자신이 있지도 않았다. 오히려 잘됐다고 마음먹기로 했다. 그러다 문득 '샐러드'가 떠올랐다. 괴로웠던 날들 속에서 나를 구해준 샐러드. 그리고 보니 대구에는 샐러드 전문 가게가 거의 없었다. 샐러드를 먹으려면 파리바게트 같은 프랜차이즈 빵집에서 판매되는 샐러드가 전부였다. 그리고 샐러드를 식사대용으로 먹는 인식조차도 굉장히 희미했다. (내가 관심이 없어서 몰랐던 것일 수도 있다.) 나의 마음은 샐러드로 점차 기울었다.

+ 첫 창업, 시행착오 줄이는 법

Q. 작게라도 창업을 경험해본 적 있나요? 누구나 저처럼 시행착오를 겪습니다. 시행착오를 완전히 없앨 수는 없지만 줄일 수는 있습니다. 저는 이렇게 해봤습니다.

A. '내가 고객이라면'이라고 되뇌는 습관이 필요합니다.

길거리 장사는 보기 좋게 실패했습니다. 실패한 가장 큰 이유는 바로 소비자 입장에서 생각하지 않기 때문입니다. 창업하려는 사람들이 가장 흔히 하는 실수가 바로 본인 입장에서만 사업을 바라보는 것입니다.

우리가 잘 알고 있는 토스의 이승건 대표도 마찬가지였습니다. 치과 의사였던 그는 본업을 포기하고 사업을 해보기로 합니다. 8번의 사업 실패 끝에 토스라는 애플리케이션을 만들게 되죠. 그는 인터뷰에서 9번째 사업은 내가 원하는 사업이 아니라 처음으로 소비자가 원하는 사업을 해보려고 했다고 전합니다.

'내가 고객이라면 이걸 먹을까?'

'내가 고객이라면 이 가격에 사 먹을까?'

'내가 고객이라면 이 방식이 편할까?'

첫 창업이면 꼭 명심해야 합니다. 친구나 지인의 의견에 휘둘릴 필요는 없습니다. 고객 입장에서 자신의 사업을 객관적으로 바라봐야 합니다.

우리는 결과가 아닌 과정에 살고 있으니까

잠시 대학 시절의 이야기로 돌아가 보자.

상주에 있는 낙동초등학교에서 교육봉사를 할 때의 일이다. 전교생이 30명 채 되지 않는 작은 학교였다. 여기 아이들은 소심했지만, 우리에게 참 관심이 많았다. 마냥 신기한듯 우리를 쳐다봤다.

이 학교에는 어떤 대학생들도 봉사하러 오지 않는 것 같았다. 학생들은 도시의 큰 학교에만 관심이 있다. 그게 편하기 때문이다. 도시의 학교일수록 왕래가 쉽다. 그리고 큰 학교일수록 교육봉사를 했다는 '증명'도 잘해준다. 하지만 그런 이유의 봉사라면 조금 아쉽긴 하다. (물론 순수한 마음으로 봉사하는 사람들도 참 많다.)

우린 그런 맹점을 인지하고 있었다. 그래서 더더욱 산골로 갔다. 훨씬 키가 큰 우리도 그대들에게 관심이 있다는 것을 말해주고 싶었다. 그리고 그들이 조금 더 바르게 자라길 바랐다. 그렇게 찾은 곳이 상주의 낙동초등학교였다.

사실 나는 1학년 때 A New Trial(줄여서 ANT)라는 비공식 동아리를 만들었다. 대학교에 와서 '해보고 싶은 것들을 하나씩 해 나가보자'는 아주 순수한 동아리였다. 한편, 술로 회식하는 게 금지된 특이한 동아리였다. (술은 여기 아니더라도 마실 곳이 너무 널렸잖아.) 나는 동아리의 대표로서 약간의 거짓말을 보태어 여러 산골의 초등학교에 전화를 돌렸다.

"안녕하세요. 저희는 경북대학교 봉사동아리인데요..."

무료로 교육봉사를 하겠다는 제안에 승낙해준 학교가 바로 상주 낙동초등학교였다. 그리고 난생처음 교장 교감 선생님과 대면했다. 내 학창시절 때도 대면 못했던 분들이었다. 떨리는 마음으로 수업 시연 내용을 설명해 드렸다. 그들은 흔쾌히 우리에게 이틀의 시간을 허락해주셨다. 선생님들은 참관만 하시고, 우리가 모든 수업을 담당해도 괜찮다고 하셨다. 그리고 학교 아이들에게 정말 값진 경험이 될 것 같다고 덧붙이셨다. 교장 선생님 말씀에 나는 굉장히 들떴다. 팀원들도 설레었다. 우리에게도 이건 정말 값진 기회가 분명했다.

대구에서 출퇴근(?)하며 이틀 동안 사력을 다했다. 재미있고 유익한 수업이 되길 진심으로 기도했다. 그리고 대구에서 열심히 준비한 교육들이 끝나가는 순간이었다. 마지막 수업(율동을 배우는 수업이었다)을 위해 주변 정리를 하기로 했을 때였다.

"우리 이제 5분 동안 이곳저곳 청소를 해볼까요? 주변에 떨어진 색종이도 좀 줍고..."

아이들은 우리말을 잘 들어주었다. 한 친구는 의자에 궁둥이를 붙인 채, 바닥에 떨어진 것들을 주웠다. 교실의 뒷문 쪽에서, 민호라는 아이가 어디선가 쓰레받기를 들고 오기도 했다. 그때 기수라는 학생이 내 앞으로 왔다. 나를 올려다보며 또박또박 얘기했다.

"선생님, 청소는 왜 하는 거예요? 어차피 또 더러워질 거잖아요."

초등학교 4학년 친구가 대학교 1학년에게 던진 질문이었다. 순간 여러 답이 떠올랐지만, 마땅히 들려줄 대답은 없었다. 결국 기수에게 장난치듯 답했다.

"기수는 선생님이랑 같이 청소하고 싶구나?"

청소하기 싫어서 묻는 질문은 아니었다. 뭔가 근사한 답을 하고 싶었지만 그러질 못했다. 일단 어질러진 곳으로 데려갔다. 그리고 같이 청소했다. 바닥은 깨끗해졌지만 내 마음은 아직 어수선했다. 마음이 찜찜했다.

'기수에게 무슨 대답을 해줘야 좋았을까?'

자꾸만 그 질문이 맴돌았다.

아직 세상에 찌들지 않은 아이들은 질문이 많다. 어른이 되면 상대적으로 질문이 적어진다. 그럼 적어도 현명한 대답을 해줄 수 있는 어른이 되어야 한다. 나는 그런 어른이고 싶었다.

성공적으로 교육봉사가 끝났다. 그 뿌듯함은 이루 말할 수 없을 정도였다. 아이들 덕에 다시금 순수함을 느낄 수 있어서 참 좋았다. 내가 나이를 더 먹더라도, 동심을 모두 잃지는 말자. 그 마음을 잊지 않고 살아야겠다고 끊임없이 다짐하는 시간이었다.

멤버들과 후련한 마음으로 피자 가게에 갔다. 알코올 하나 곁들이지 않고 콜라와 사이다로 회식했다. 즐거웠던 에피소드와 사진들을 나누며 즐겁게 회식을 마쳤다. 취하지 않아도 즐거운 회식이 될 수 있다는 걸 모두가 느꼈다. 행복이 두 배가 되었다.

잠시 잊고 있었던 질문이 다시금 떠올랐다.

'청소는 왜 하는 걸까.'

헤어질 걸 알면서도 왜 연애를 할까. 죽을 걸 알면서도 왜 열심히 살까. 누군가가 당신에게 이런 질문을 한다면 무슨 답을 해줄 수 있는가. 내가 내린 결론은 다음과 같았다.

우리는 '결과'가 아닌 '과정'에 살고 있으니까.

어차피 다시 어질러지겠지만 깨끗한 '과정'에서 우리는 생활한다. 헤어질지 모르지만, 손을 잡고 행복에 겨워 걷는 과정이 있기에 연애를 한다. 죽는다는 결과가 오겠지만, 살아있음을 느끼는 이 과정이 좋기에 살아간다. 그렇다. 우린 '결과'를 중요시 하지만 사실은 '과정'에 살고 있다. 그러니 과정이 더 중요할 수밖에.

우리는 휴대폰으로 늘 '결과'를 공유한다. 전문직에 합격했다는 얘기, 집을 샀다는 얘기, 차를 뽑았다는 얘기, 누구와 결혼했다는 얘기. 더 나아가 좋아요 수, 조회 수 등으로 '비교'를 시작한다. 비교라는 말은 신기하게도 '과정' 대신 '결과'라는 단어와 잘 붙는다. 현재 나의 결과보다 친구의 결과가 더 우월해 보일 때면 열등감을 느낀다. 더 나아가 좌절감을 느낀다.

　'난 왜 저런 결과를 못낼까.'

　배 아파하고 시샘한다. 망했으면 좋겠다는 생각을 하기도 한다. 그러나 우리는 이제 깨달아야 한다. 당신은 결과가 아닌 '과정' 속에 살고 있다는 것을. 그것을 인정하고 과정에 몰두하면 지금보다 훨씬 행복하게 지낼 수 있다는 것을.

　과정에 몰두하다 보면 신기하게도 다른 사람의 결과에 크게 관심이 안 생긴다. 내 알 바가 아닌 게 된다. 그리고 그들이 자신의 결과를 자랑한다면 흔쾌히 받아줄 수도 있다. 진심으로 축하해줄 수도 있다.

　행복은 크기가 아니라 빈도라고 했다. 결과로만 얻은 행복은 빈도가 낮다. 하지만 과정에 몰두하여 얻은 행복은 빈번하다. 우리 인생의 과정 중에서 큰 부분을 차지하는 것은 무엇일까. 바로 '일'과 '사람'이다. 좋아하는 일을 하며 살아갈 행운을 잡을 수 있어야 하며, 좋아하는 사람과 즐겁게 일할 수 있는 환경이 되어야 한다. 그렇게 과정에 몰두할 때 매 순간 행복할 확률이 높아진다.

우선 '일'부터 생각해보자. 우리는 보통 하루의 절반 이상을 일하며 보낸다. 그리고 안타깝게도 대부분의 사람은 그 일을 억지로 한다. 그들은 자신을 '주말만 사는 사람'이라고 칭한다. 직장에서는 그저 퇴근시간까지 버틴다는 마인드를 갖고서 일한다. 일을 마치고 집으로 돌아와서는 곧바로 드러누워 버린다. 정시에 퇴근하든 야근을 하든 마찬가지다. 그리고는 주말만 기다린다. 그래서 '평일'이라는 카드를 버리다시피 한다.

신입생들을 대상으로 하는 숙박 캠프에서 어떤 (예쁜) 누나를 알게 되었다. 그녀는 학교 학생과에서 근무하고 있는 공무원이었다. 그 누나와 캠프 도중에 친해질 기회가 생겼다. 이런저런 얘기를 하다 보니 '공무원을 어쩌다 하게 되었나'로 주제가 바뀌었다.

"나는 딱히 뭘 해야 할지 모르겠더라."

무엇을 좋아하고 어떤 일이 나랑 잘 맞을지. 솔직히 알 길이 없었다고 했다. 그것도 맞는 말이다. 학창 시절 동안 나 자신을 알아볼 기회는 좀처럼 찾아오지 않는다. 그렇기에 부모님의 입김은 늘 힘이 세다. 왜냐하면 내가 자신이 없기 때문이다. 그 누나의 어머니는 딸이 유독 공무원이 되길 바라셨다고 했다. 이유는 다음과 같았다. '결혼할 때 유리하다' '여자로서 대우를 잘 받는다' '잘릴 걱정 없이 안정적이다' '육아 휴직을 잘 보장 받는다' 등. 그 입김은 점점 자신의 생각을 바꾸도록 했다고 한다.

'그래, 나는 공무원이랑 잘 맞을 수도 있겠다.'

점점 더 그런 생각이 들기 시작했다고 했다. 요즘 단어로 '가스라이팅' 같은 것이었는지도 모르겠다. 그렇게 2년 동안 공무원 준비를 하고, 드디어 해냈을 때, 정말 뛸 듯이 기뻤다고 했다. 이것 또한 효도일지 모르겠다. 나를 낳아췄는데 이 정도 효도는 해야 하지 않나. 그렇게 생각했다고 한다.

누나는 합격과 동시에 행복한 상상에 빠졌다. 공무원은 단연 '워라벨'의 최고봉이다. 퇴근 시간도 한결같이 지켜진다. 퇴근 후의 삶이 보장된다는 뜻이다. 심지어 주말까지도 완벽하다. 퇴근 후에 뭘 하면 좋을지, 주말에는 무엇을 해볼지 이런저런 상상에 빠졌다고 했다. 그렇게 시간이 흘렀다.

캠프에서 나를 만났을 때는 누나가 공무원 2년차였다. 궁금했다. 어떤 취미를 갖고, 무엇을 배우고, 어디로 떠나봤을지, 그중에 흥미가 생기는 건 나도 해봐야겠다며 두 손 두 발을 모으고 다음 말을 기다렸다. 그러나 누나는 머뭇거렸다.

"음, 딱히 한 게 없는데."

"..."

당황했지만 애써 당황하지 않은 티를 냈다. 그럴 수 있지. 아무렴. 그래도 조심스레 물어보았다.

"혹시 일이 많이 힘들었어요?"

"야근이 종종 있었어요?"

"주말에는 남자친구가 못살게 굴었어요?"

하지만 어떤 것도 해당하지 않았다. 같은 시간에 출근해서 일을 시작하고, 일의 강도는 낮다고 했다. 커피를 마시며 일하는 것도 당연히 가능했다. 옆에 선생님들과 잡담을 나누는 것도 문제없었다고 했다. 점심시간은 한 시간이 정확히 보장되었으며 간식도 먹으며 일했다. 온종일 서서 일하는 것도 아닌 대부분 시간을 편한 의자에 앉아서 일했다. 추울 때는 따뜻한 곳에서, 더울 때는 시원한 곳에서. 오후 6시가 되기 전에 퇴근 준비를 하고, 눈치가 살짝 보이긴 하지만 정시가 되면 바삐 자리에서 일어났다. 일주일의 5일 모두 비슷했다. 주말에는 누구도 업무 얘기를 하지 않았다. 그것이 요즘 시대의 예의니까. '학교 캠프' 같은 특별한 행사가 아닌 이상 큰 변동이 없는 편안한 삶이었다.

누나도 참 신기했다고 했다. '건강상의 문제가 아닐까'라고

까지 생각했다고 했다. 분명 일찍 퇴근했는데 침대에 드러눕기 바빴다고. 그리고 가장 적은 에너지로 놀 수 있는 넷플릭스를 선택했다고 한다. 가끔은 유튜브를 보고. 그런 삶이 이어지니, 아무것도 하지 못하겠더라고 했다. 얘기는 조금 더 진지하게 흘러갔다. 누나는 뭔가 잘못되었다는 내면의 소리가 가끔 들렸다고 했다. 하지만 휴대폰으로 즐기는 콘텐츠가 그런 생각을 흐릿하게 만들어버렸다고 했다.

아무리 편하게 일하고 간식도 먹어가며 일한다고 해도 '어떤 일을 하느냐'는 굉장히 중요한 문제다. 아무리 칼퇴근을 해도 하루의 절반 이상은 일해야 하는 것이 우리의 현실이다. 재미없는 일을 하며 그 시간을 보낸다는 것이 얼마나 에너지 소모가 큰일인 줄 아는가. 그러니 잠시 현실을 잊게 해줄 재미있는 드라마와 알코올이 있어야 연명할 수 있다.

지금의 나는 그녀보다 일의 강도가 훨씬 높다. 일하는 시간도 거의 두 배 가까이 많다. 그렇기에 퇴근 후 취침 전까지 나만의 시간이라는 것은 거의 없다. 하지만 신기하게도 일을 마치고도 에너지가 남아돈다. 독서를 할 수도, 책을 쓸 수도, 강의 준비를 할 수도 있다.

우린 과정에 조금 더 쉽게 몰두하기 위해서 '좋아하는 일'을 할 필요가 있다. 그리고 그 전에 '좋아하는 일'을 찾을 필요가 있다. 여기서 혹자는 혀를 내두를지도 모르겠다.

"뻔한 얘기네요. 저도 알아요. 근데 그게 어디 쉽나..."

어려운 것도 안다. 하지만 좋아하는 일을 찾기 위해 얼마나 진지하게 노력해봤는가. 솔직히 우리는 사회 탓만 하지 않았나. '이런 환경에서 어떻게 좋아하는 일을 찾아?'라는 식으로 말이다. 결국 손해 보는 건 우리다. 시간이 좀 걸릴지도 모르겠다. 하지만 현명한 길로 가보자.

딱 두 가지만 기억한다면 당신은 좋아하는 일을 금방 찾을지도 모른다. 첫 번째는 경험, EXPERIENCE. 두 번째는 솔직, HONESTY.

진부한 얘기처럼 들리는데 이 두 가지면 충분하다. 하지만 둘 중 하나만 실천하는 경우가 대다수다. 스스로 솔직해지지 못하는 경우가 많고, 경험 없이 직업을 택하는 경우도 많다.

내게 사업에 대한 자신감을 넣어준 『책 읽고 매출의 신이 되다』(저자 고명환)라는 책을 보면 재미있는 표현 하나가 나온다. 고민하는 과정을 '물을 끓이는 행위'라고 빗댄다면 당신은 맹물만 계속 끓이고 있는 것이라고. 즉 물을 끓이면 그냥 물이다. 재료를 집어넣고 끓여야 근사한 요리가 될 수 있다. 이때의 재료들이 바로 '경험'이다. 교과서는 경험을 '직접적 경험' '간접적 경험'으로 크게 나눈다. 몸으로 부딪치는 직접 경험, 책으로 하는 간접 경험 모두 좋다.

한 때 나는 고민하는 과정을 참 '어른스럽다'라고 생각한 적이 있다. 어른이라면 고민을 하며 살아야 한다고 말이다. 그래서 자주 사색하는 시간을 가졌던 것 같다. 고민 없이 사는 친구들을 한심하게 보기도 했다. (어린 나는 왜 그랬을까 정말. 본인이나 똑바로 살지.)

『세이노의 가르침』이라는 책에서 말해주듯, 사실 고민은 10분 이상 할 필요가 없는 것일지도 모른다. 나는 종종 방 안에 들어가 조용히 앉았다. 빈 종이를 꺼내고 펜을 들었다. 지금 내가 하는 고민을 거기에 적었다. 예를 들면 '나는 어떤 일을 해야 하는가?' 따위로 말이다. 마인드맵 마냥 내 이름을 가운데 적어두고 가지치기를 해나갔다. 많은 것을 긁적이며 써 내려가 봤지만 이렇다 할 결과는 나오지 않았다. 앞의 표현을 빌리자면, 아직은 맹물을 끓이고 있었다.

밖으로 뛰쳐나가야 한다. 많은 걸 보고 부딪히고 책을 읽어야 한다. 그럼 내가 어떤 부분에서 좋아하고, 어떤 부분은 지루해하는지(혹은 혐오하는지) 알 수 있게 된다. 그렇게 할 때 나자신의 한 줄 한 줄이 정리된다. (내가 본 대학생들은 스펙 한 줄을 만들기 위해 안간힘을 쓴다. 그러나 인생 전반을 봤을 때 나 자신에 대한 한 줄이 훨씬 더 중요하다. 난 그렇게 믿는다.)

여기까진 잘해냈다고 치자. 하지만 두 번째 관문에서 많이들 막힌다. 솔직해지지 못하는 것이다. 부모님의 시선, 사회의 시선, 친구들의 시선, 우리가 의식해야 할 것이 너무 많다. 그렇게 결국 스스로를 속인다. 내가 진짜로 좋아하는 일을 제쳐두고, 그들이 원하는 일을 시작한다. 그리고 어른의 삶은 이런 것이라며 합리화한다. 진부한 스토리다.

내가 대기업 취업을 포기하고 샐러드를 팔겠다고 했을 때 우리 부모님은 어떠셨을까. 세상이 무너지는 듯한 얼굴을 보이셨다. 마치 아침 드라마 대사 같았다.

"내가 널 어떻게 키웠는데..."

심지어 샐러드 가게는 대구에 거의 존재하질 않았다. 샐러드로 식사한다는 생각 자체가 성립이 되지 않던 시기였다. 그것이 사회의 시선이었다. 지인들은 나에게 이렇게 말했다.

"샐러드 가게가 없는 데는 이유가 있지 않을까? 이미 다들 고민해봤겠지!"

무서웠다. 그러나 난 자신이 있었다. 물론, 장사를 성공시킬 자신까진 없었다. (처음이니까 당연하다.) 그러나 이렇게 사는 것이 올바른 방향이라고 확신했다. 칼퇴근하고 드러눕기 바쁜 삶을 원하지 않았다. 부모님이 만족하는 삶이 아니라 내가 즐거울 수 있는 일을 해야 했다.

부모는 자녀가 대기업에 들어가기를 원한다. 처음에는 만족하시고 기뻐하실 것이다. 하지만 자식의 낯빛이 늘 어두워봐라. 그게 정말 효도일까.

그렇게 다소 무모한 도전을 했다. 적어도 난 자신에게 솔직하기로 했다. 그렇게 좋아하는 일을 시작했다. 무모하다고? 솔직하게 말하자면 이게 평범한 것이다. 우리는 결과가 아닌 과정에 살고 있으니까.

가게 입지를 고르다

가게를 차린다는 소식을 듣고 친구들이 놀러 왔다. 나를 신기하게 쳐다봤다. 그리곤 한마디씩 보탰다.

"구씨, 술집이나 고깃집 차려야 하는 거 아냐?"

그것도 그럴 것이 대학가 주변으로는 술집, 고깃집이 대부분 장사가 잘됐다. 결국 학생들이 원하는 업종이란 뜻이다. 하지만 나는 돈을 떠나 선한 영향력을 끼치고 싶었다. 나에게 선한 영향력은 '건강'이었다.

'조금 이를지도 모르지만, 결국은 사람들이 건강식을 알아주지 않을까?'

난 그렇게 카페를 차리려고 들어간 자리에서 샐러드를 팔기로 했다.

이번엔 찍찍요거트를 팔 때와 똑같은 실수를 반복하지 않기로 다짐했다. 내가 요거트를 팔 때는 소비자를 하나도 고려하지 않았다. 그건 '예술적' 행위였다. 그렇다고 또래들을 상대로 '상업적' 장사를 하고 싶진 않았다. 창업 전에 내가 열심히 도서관을 다닌 이유도 딱 하나였다. 내가 하고자 하는 '예술'을 당신도 좋아하게끔 하는 '상업 예술', 그걸 하고 싶었다.

"스톡홀름샐러드"

찍찍요거트에 이어 내 인생 두 번째 네이밍이었다. 도서관에서 책을 보다 '스톡홀름증후군'이라는 심리학 용어를 우연히 발견했다. 스웨덴 스톡홀름에서 일어난 강도 사건에서 유래된 개념이었다. 사건은 이랬다. 강도들은 경찰들과 오랜 대치를 했고, 인질들은 강도들과 오래 시간 함께 붙어 있으면서 신기하게도 그들에게 점점 동화되어 갔다. 연민을 느끼고 심적으로 가까워진 것이다. 그런 비이성적인 현상을 뜻하는 용어가 '스톡홀름증후군'(Stockholm Syndrome)이다.

나는 이게 마치 '샐러드'와 같다는 생각이 들었다. 2019년도의 '샐러드'라 함은 좋아서 먹는 음식이 아닌 '억지로 먹는 음식'에 가까웠다. 누구는 건강이 좋지 않아서, 누구는 급하게 다이어트를 해야 해서, 누구는 피부를 개선하기 위해서 등. 샐러드를 억지로 입속으로 욱여넣고 있었다. 우리는 마치 샐러드의 '인질'이었다.

나는 '스톡홀름증후군'에서 이름을 따 '스톡홀름샐러드'로 가게를 차리게 되었다. 우리 가게에서만큼은 샐러드를 억지로 먹는 것이 아니라 점점 좋아서 먹는 음식이 되길 바랐다. 그렇게 이 가게에 동화되길 바랐다. 그리고 또 하나의 중요한 물음이 있었다.

'건강식이 꼭 비싸야 해?'

서울에서 몸이 좋지 않아 샐러드를 찾아다닐 때, '건강식은 왜 이렇게 비쌀까'라는 의문이 늘 있었다. 결국 가격에 부담을 느껴 직접 해먹는 방법을 택했다. 하지만 이마저도 불편함이 컸다. 저렴하게 사두더라도 야채들은 금방 시들어 버렸다. 하루는 시들어가는 방울토마토가 아까워 얼려보기도 했다. 하지만 무슨 아무 맛도 없는 사탕이었다. 먹을 수 있는 수준이 아니었다. 하는 수 없이 늘 같은 메뉴를 먹어야 했다. 그렇게 해야 그나마 버리는 음식이 적었다. 가끔 사 먹을 때도 있었지만, 개인적으로 싫어하는 올리브 같은 게 포함되기도 했다. 비싼 가격에 올리브까지 포함되어 있을 생각을 하니 또 그게 너무 아까웠다. 향후 이런 경험은 내가 스톡홀름샐러드를 창업하고, 메뉴를 정하고 가격을 책정하는 데에 큰 힌트를 주었다.

내가 먹고 싶은 만큼, 저렴한 가격으로, 원하는 재료로만 샐러드를 재창조하자. 생각은 그렇게 모였다. 그렇게 13평짜리의 작은 샐러드 가게가 태어났다. 생소한 가게였다. 조리 방식은 단순했다. 도마에서 칼질하거나 인덕션으로 삶거나 밥솥으로 찌거나 토치로 지지거나 하는 것뿐이었다.

주방 집기가 이렇게 열악한 매장은 잘 없을 것이다. 테이블냉장고 위에 도마를 두고 야채 손질을 했다. 싱크대는 가로 세로가 60cm인 가장 작은 사이즈였고, 인덕션은 10만 원도 되지 않는 1구짜리였다. 밥솥은 고구마를 찌기 위해 다소 크지만 단순 취사기능만 있는 제품으로 샀다. 정말 폼이 나지 않는 가게였다. 게다가 여긴 이미 세 번이나 망한 허름하고

기운(?)이 좋지 않은 자리 아닌가. 마지막 가게는 스파게티를
팔다 망했다고 했다. 그랬던 곳에서의 시작이었다.

+ 나만의 상권 분석 노하우

Q. 오프라인 가게를 여는 데 있어서 입지는 정말 중요합니다. 입지 선정에서 가장 중요하게 고려해야 할 게 뭘까요? 유동 인구? 먹거리 타운? 입지 선택의 신의 한 수가 있다면 뭘까요? 저는 입지 선택을 이렇게 했답니다.

A. "샐러드 가게를 어디에 차리면 잘 될 것 같나요?"라고 누가 묻는다면, 어떤 답을 할까요? 제가 자주 들어본 답은 '병원 상권' 혹은 '젊은 직장인 상권'이었습니다.

그렇게 남들에게 질문하고 그들이 얘기한 곳으로 상권 분석을 나가봅니다. 근처에서 밥을 먹어보기도 하고 유동 인구도 파악해봅니다. 하지만 그 분석이 쉬울까요? 우리는 전문가가 아닙니다. 권리금은 어떻고 보증금은 어떻고 월세 대비 효율 좋은 곳이 어떤 곳인지 알기란 참 어렵습니다.

상권을 제대로 파악하기란 꽤 많은 시간이 걸립니다. 그리고 상권이 어떻게 될지는 한두 번 방문한다고 해서 알기가 어렵습니다. 부동산 중개인들은 '앞으로 일어날 상권의 긍정적 변화'에 대해서만 강조하며 물건을 팔려고 합니다. 하지만 누구도 확신할 수 없는 말뿐입니다.

적어도 망하지 않는 창업을 하려면 '내가 잘 아는 상권'을 공략하는 것이 맞습니다. 제가 첫 창업을 할 당시 알고 있는 상권이란 살고 있는 '본가 근처' 그리고 다니고 있는 '대학 근처' 정도가 전부였습니다.

대학 상권이라고 해도 결코 좁은 범위가 아닙니다. 수많은 가게가 있고, 학교에 따라 정문과 후문 등이 있으며 그곳마다 다른 특징을 갖고 있습니다. 그중 하나를 선택해야 합니다.

이해를 돕기 위해 조금 더 디테일하게 얘기해보겠습니다. 제가 다니던 대학교에는 크게 네 개의 출입구가 있었습니다. '정문'은 옛날에 가장 메인이 되던 장소였습니다. 시간이 흐르면서는 '북문'이 메인이 됐습니다. 북문의 특징은 메인 장소가 된 만큼 '약속'을 위한 상권입니다. 그렇다 보니 전반적으로 가격대가 다소 높아도 충분히 팔릴 가능성이 있습니다. 실제로 북문 횡단보도 근방에는 친구를 기다리는 학생들이 상대적으로 가장 많습니다. '동문'의 경우에는 법대와 경상대가 가까이에 있습니다. 상권이 굉장히 작지만 학생들 성비로 따지면 여학생의 비율이 꽤 높습니다. 상권이 작은 만큼 가게 경쟁도 심하지 않았습니다. '쪽문'의 경우 공대 학생들 이용 분포가 많습니다. 남학생 비율이 높다는 뜻입니다. 그래서 저렴하고 푸짐하게 먹을 수 있는 음식점이 즐비합니다.

저는 위에 적은 내용보다도 더 상세히 이곳에 대해 인지하고 있습니다. 그래서 이 네 곳 중에서 어디에 가게를 차려야 하는지 잘 알고 있었습니다. 북문이 유동 인구가 더 높지만 그에 걸맞게 높은 월세를 책정하고 있습니다. 샐러드가게는 약속 장소로 그렇게 좋은 곳은 아닙니다. 그렇기에 북문 근방으로 차렸다면 월세 대비 효율이 떨어졌을 것입니다.

저는 동문에서 첫 가게를 창업했습니다. 그리고 6개월이 지나자 학생들이 줄을 서기 시작했습니다. 주로 여학생들이었고 법대 학생들이 많은 비율을 차지했습니다. 오랜 시간 앉아서 공부하는 그들에게 샐러드만큼 좋은 식사가 없었습니다. 그들은 자주 저에게 언급했습니다. 속이 편해서 공부하기가 수월하다고 말입니다.

'내가 잘 아는 상권'에서 첫 창업을 하길 권합니다. 하지만 그게 불가능한 경우도 있습니다. 예를 들면 내가 하려는 아이템이 상권에 이미 포화이거나, 경제적으로 불가능한 경우입니다. 그럴 때는 두 가지만 꼭 기억하면 됩니다.

첫 번째는 내가 선택한 아이템 A랑 상호보완적으로 잘 될 아이템 B를 찾는 것입니다. 그리고 B 가게들이 위치한 곳 중에서 A 아이템이 상대적으로 적은 상권에 들어가는 것입니다. 예를 들면 '샐러드 가게가 잘 될 상권은 헬스장이 많은 곳이야!'라고 아이디어를 낼 수 있습니다. 그럼 헬스장이 어디에 얼마나 분포되어 있고, 얼마나 많은 회원 수를 보유하고 있는지 파악해보는 것입니다. 그중에서 헬스장이 성황인 곳이면서 경쟁 샐러드 가게가 적은 곳에 입지를 선정하면 좋다는 뜻입니다.

두 번째는 해당 상권에 가서 행인들을 미행해 보는 방법입니다. 내가 잘 모르는 상권일수록 더 그렇게 해야 합니다. 물론 스토커 취급을 받아서는 안 됩니다. 최대한 자연스럽게 이 동네 사람인 것처럼 행동해야 합니다.

지하철역 2번 출구를 바로 앞에 끼고 있어 비싼 월세를 요구하는 자리가 있었습니다. 그 자리에 들어갈지 말지 고민하는 지인이 있었습니다. 저는 직접 지하철을 이용하고 행인들을 따라다녀 보자고 제안했습니다. 실제로 그렇게 해보니 대부분 사람들이 1번 출구를 이용했습니다. 이유는 에스컬레이터가 1번 출구에만 있었기 때문입니다. 단순한 사실이지만 내 입장에서만 보다가는 놓치게 되는 부분입니다. 이번에는 1번 출구로 나가서 행인 한 명을 따라가 보았습니다. 어느 횡단보도를 이용하고 어디에서 고개를 드는지(스마트 폰을 보다 고개를 드는) 등을 관찰했습니다. 그러다 보면 숨은 명당을 찾을 수 있습니다.

제 사례를 하나 더 덧붙이면, 7호점 가맹점 입지를 점주와 함께 고민할 때였습니다. 점주는 이미 원하는 상권이 있었습니다. 그러나 세부적으로 어느 자리가 좋을지 감을 못 잡고 있었습니다. 근처에 있는 지하철역에서 사람들을 따라 걸어보았습니다. 여러 명을 따라 걷다 보니 생각지 못한 걸 발견했습니다. 이미 상권이 잘 갖춰진 메인 통로(길)보다 적은 인구지만 꽤 많은 사람이 지하철을 빠져나와 지름길(샛길)을 이용한다는 사실이었습니다. 그 길에서 가장 가까이 존재하는 상가에는 몇 년째 임대가 안 빠져 애를 먹고 있는 상가 주인이 있었습니다. 저는 월세를 조금만 더 낮춰달라고 요구하고, 대신 낮춰주시면 바로 계약하겠다고 제안했습니다. 점주는 미심쩍어했지만 제 말을 믿고 임대 계약을 했습니다. 부동산 중개인도 어리둥절한 표정을 지었습니다. 예상대로 많은 사람이 샛

길을 통해 우리 매장(7호점)을 이용했습니다. 특히 집으로 가는 길에 잠시 들러 포장해가는 사람이 굉장히 많았습니다.

상권 분석에는 여러 방법이 있습니다. 제가 제안하는 방법이 가장 좋다거나 올바른 방법이라고 말할 수는 없습니다. 그러나 적어도 15개의 지점을 만들면서 몸으로 익힌 노하우입니다.

2부.

샐러드를 팝니다

제 나름 브랜딩이란 걸 해봤습니다

『좋아 보이는 것들의 비밀』(이랑주 지음)이라는 책에는 대표 컬러가 왜 중요한지를 얘기해준다. 그리고 어느 정도로 사용해야 하는지, 대표 컬러를 과도하게 사용했을 때 어떤 부작용이 생기는지 알려준다. '예쁜 것들을 모아두면 예쁘지 않다'라고 했다.

만약 이 책을 보지 않았다면 나는 예쁜 것들만 모아놨을 것이 뻔하다. 그리고 실제로 몇몇 카페들을 다녀보면 그렇게 느껴지는 곳들이 있다. 여긴 예쁜 것들만 잔뜩 모아두었구나. 그런데 그런 곳은 결론적으로 예쁘지가 않다. 기억에 남지도 않는다. 오히려 어수선하기만 하다.

가게를 시작하기 전 컬러부터 선정해보기로 했다. 서울에는 샐러드 가게가 몇 군데 있었는데, 대부분 '초록색'을 대표 컬러로 사용했다. 초록색은 식물이 가진 대표적인 색으로 '건강'과 '신선함'을 상징한다. 그래서 건강기능 식품들도 초록색 계열의 패키지가 많다.

아무리 작은 가게라 할지라도 뻔한 가게가 되고 싶지는 않았다. 남들을 따라 하는 가게가 되고 싶지는 않았다. 초록색이 아닌 다른 컬러를 고심했다. '신선함'과 연결되는 또 다른 명사는 '시원함'이다. 백화점의 야채 코너에 가면 하얀 연기가 뿜어져 나온다. 실제로 시원하기도 하지만 눈으로도 시원함이 보인다. 시원함이 신선함을 만들고 있다는 것을 깨달았다.

나는 초록색을 접어두고, '쿨 컬러'(Cool Color) 계열에서 색깔을 고르기로 했다. 회색, 남색, 흰색, 검정색 등 여러 컬러가 있다. 그 중 남색(Navy)을 택했다. 남색을 택함으로써 손님들은 우리 상품을 '시원하게' 인지할 거라 믿었다. 매장 외부의 어닝과 머그잔, 유니폼, 샐러드 포장띠 스티커에도 남색을 적용했다. 그리고 다른 부분은 검정과 갈색 등으로 채웠다. 책에서 배운 대로 했다. 그러자 고객들은 우리 매장의 컬러를 쉽게 인지했다.

"스톡홀름샐러드하면 무슨 색깔이 떠올라?"

"음... 남색?"

정말이지 신기했다. 마법이었다.

서울에서 샐러드를 종종 사먹을 때 불만족스러운 부분이 있었는데, 하나는 비싼 가격이었고 다른 하나는 내가 먹고 싶지 않은 재료가 포함된 팩을 구매해야 한다는 것이었다(앞서 나는 올리브 때문에 샐러드 구매를 주저한 적이 있다고 얘기했다). 가격은 낮추면 되는데, '손님이 먹고 싶지 않은 재료를 어떻게 뺄 수 있을까'를 고민했다. 그러다가 『최강의 영향력』(탈리 샤롯 지음)이라는 책에서 '이케아 효과'라는 단어를 보게 되었다.

"여기 똑같은 의자가 두 개 놓여 있다. 하나는 공장에서 나온 의자고 다른 하나는 당신이 만든 의자다. 어떤 의자가 예뻐 보이는가?"

DIY의 대표 브랜드인 이케아의 가구는 대부분 부피가 작은 채로 배송된다. 이유는 '조립 전' 제품이기 때문이다. 그래서 많은 물량을 적재하고 운반도 용이하다. 물론 조립은 고객이 직접 해야 한다. 대신 저렴한 금액에 가구를 구매할 수 있다. 그런데 여기서 재미있는 것은 내가 직접 조립한 가구가 '예뻐보인다'는 사실이다. 이 또한 마법 같은 일이다.

'샐러드를 손님이 직접 담으면 어떨까?'

만약 '이케아효과'라는 단어를 모른 채 고민을 했다면 자신이 없었을 것이다. 하지만 직접 담았을 때의 이점이 무엇인지 확실히 알게 되니, 도전할 용기가 생겼다. 이렇듯 앎은 용기를 가져다준다.

손님이 직접 샐러드를 담아야 하니 뷔페식이어야 한다. 그리고 딱 필요한(먹고 싶은) 만큼만 담고 딱 그만큼만 돈을 낸다. 내가 싫어하는 재료는 빼고 말이다. 이런 니즈가 반영되려면 '무게당 판매가격'(Pricing by weight) 방식이 필요했다.

'재료마다 원가가 다른데 어떻게 해야 좋을까.'

업주 입장에서는 재료마다 판매가가 달라야 한다. 원가가 다를 테니 말이다. 하지만 소비자 입장에서는 재료마다 무게

당 가격이 다르면 너무 복잡해진다. 그러니 가격은 통일해야 한다. 그럼 고객이 이것저것 담더라도 손해만 안 난다면 우선 진행해 볼 수 있지 않을까? 실제로 운영해보고야 알았지만 사람들은 생각보다 '골고루' 담았다. 샐러드 재료마다 무게 당 원가는 제각각이지만 얼추 평균으로 수렴되었다. 닭가슴살을 많이 담는 사람이 있는 대신, 야채만 많이 담는 사람도 있었다.

판매 단가는 '나라도 먹겠다'라는 다소 추상적인 기준으로 정했다. 그래서 그런지, 손님들은 우리 매장을 이용하며 "많이 나올까 무서웠는데 생각보다 가격이 너무 저렴하다" "사장님 남는 게 있어요?" 등의 반응을 보였다. '건강식은 꼭 비싸야 하나?'라는 질문으로 시작한 가게는 자신의 존재를 널리 증명하고 있었다. 무게 당 가격을 매기는 샐러드 가게가 최초로 탄생한 것이었다.

우리 매장의 또 다른 특이점은 포장 봉투가 회색이라는 점이다. 회색 봉투에 남색 로고가 박혀있다. 보통 샐러드 가게의 포장봉투는 '투명'이 많다. 내부의 형형색색의 샐러드를 밖으로 보여주기 위함이다. 그것 또한 장점이지만 좀 뻔해 보였다. 나는 그보다 좀 더 독특한 홍보가 되길 바랐다. 포장 봉투는 걸어 다니는 홍보 판과 마찬가지이기 때문이다. 투명 봉투가 예쁠 수는 있지만 어느 가게의 샐러드인지는 알기가 어렵다.

나는 누가 봐도 '저건 스톡홀름샐러드구나!'라고 알아봐 주길
바랐다. 그래서 투명이 아니라 회색 봉투를 주문 제작했다.

여기엔 또 다른 비밀이 숨겨져 있다. 위에서 말했듯, 회색은
쿨 컬러 계열이다. 봉투에 샐러드를 담아가면 한여름 날에도
'시원하게' 운반되는 것 같은 느낌이 든다.

이런 소소한 것들이 나만의 브랜딩 방식이었다.

+ 작은 가게, 브랜딩 시작하는 법

Q. 브랜딩이 중요하다는 말을 정말 많이들 합니다. 그렇다면 작은 가게의 브랜딩, 무엇부터 하는 게 맞을까요? 눈에 보이는 디자인 영역을 가장 신경 쓰는 게 맞는 걸까요? 아니면 브랜드가 갖고 있는 가치를 인지시키는 이벤트(경험)를 더 많이 해야 하는 걸까요? 저는 이렇게 해보았습니다.

A. 오래 살아남는 브랜드가 되기 위해서는 '슬로건' '컬러' '차별점 확인' '반복하기' 이 네 가지를 지키면 된다고 생각합니다.

제가 스톡홀름 샐러드 다음으로 창업한 '캐빈커피'를 사례로 얘기해보겠습니다. 캐빈커피의 위치는 다른 카페와 달리 '밭이 보이는 뷰'가 인상적이었습니다. 거기에 맞는 컨셉을 잡아보려다 '오두막'이 떠올랐습니다. 그래서 '오두막에서 보내는 평범한 하루'를 슬로건으로 정했습니다. 슬로건에는 그 카페가 추구하는 방향이나 컨셉이 묻어나기 나름이죠. 하루 중 일부를 이곳에서 평안히 보냈으면 하는 마음을 담았습니다. 그래서 편안한 분위기를 만드는 것이 중요했습니다. 대다수 카페는 '특별함'을 강조하지만 저희는 반대로 '평범함'을 강조했습니다.

실제 카페는 평범한 하루가 될 만한 일이 일어나는 자연스러운 공간이 되었습니다. 그림을 그리는 사람도 있고, 반려견을 데려오는 사람도 있고, 회의하러 오는 사람도 있었습니다. 그리고 '오두막'이라는 컨셉트를 살리기 위해 카운터의 모양을 6각형에 가깝게 디자인했습니다. 그리고 곳곳에 장작을 배치했습니다.

밭이 보이는 뷰도 차별점 중 하나였습니다. 이를 강조하기 위해 긴 소파 좌석을 모두 밭을 바라보게 배치했습니다. 그리고 오두막 컨셉에 맞게끔 음료 코스터(컵 받침대)로 통나무를 얇게 저민 나무를 이용했습니다. 우리나라의 시골 오두막을 모티브로 한 것은 아니어서 한국 음악을 틀지는 않았습니다.

컬러는 버건디 컬러로 정했습니다. 오두막에 어울리는 따뜻한 느낌을 내기 위해서였습니다. 그리고 오두막을 어슬렁거리는 '사슴'을 로고 포인트로 잡았습니다. 매장에서 포장해갈 때 쓰는 종이컵이나 스티커 등에도 모두 버건디 컬러를 적용했습니다. 그 외의 컬러는 모두 오두막과 어울리는 갈색, 흰색만 사용했습니다.

주변 대형카페와 다르게 '진동벨'을 사용하지 않는 걸로 했습니다. 여긴 손님 연령대가 조금 높았기에 더욱 좋은 반응을 얻을 수 있었습니다.

메인 디저트는 '수제 애플파이'로 정했습니다. 다소 평범해 보이지만 멀리서도 드시러 오시는 걸 보면, 정성이 잘 표현된 디저트인 것 같았습니다. 그리고 파이를 전문으로 하는 가게는 주변에 없었습니다.

'평범함'을 어떻게 표현할지 고민하는 것이 중요했습니다. 메뉴판의 카페

라떼 이름을 '평범한 라떼'라고 지었습니다. 손님들은 왜 평범한 라떼인지 물어보며 재미있어 했습니다. 티 블렌딩 이름들도 '살랑살랑' '사뿐사뿐' '타닥타닥' 등 오두막 주위에서 자주 듣거나 볼 법한 의성어 의태어를 사용해 지었습니다. 수제 쿠키는 '오두막 쿠키'라고 이름 짓고, 녹차 쿠키는 '녹차밭 쿠키'라고 이름 지었습니다.

이 모두 반복입니다. 반복이 잦으면 기억하기가 쉽습니다. 그 외에 케익에 데코픽(모양을 내거나 메시지를 담기 위해 꽂는 장식물)을 꽂을 때도 버건디 컬러로 쓰여진 매장 이름을 프린팅했습니다. 이 모두 브랜딩을 위한 반복입니다.

무슨 특별한 이벤트나 행사가 능사는 아닙니다.

+ 비품 제작, 저렴하게 잘하는 법

Q. 보통은 비품(냅킨, 머그컵, 종이컵, 물티슈 등)을 주문 제작합니다. 특히 브랜드의 일관성을 위해서라면 꼭 필요한 일입니다. 우리 가게에 맞춤 된 비품을 좀 더 비용을 아끼며 제작할 방법은 없을까요? 저는 이렇게 했습니다.

A. 만들고자 하는 것이 머그잔이라고 가정해보겠습니다. 머그잔에 어떤 느낌의 디자인을 넣을지 시안을 찾아보기 전에 머그잔을 만드는 사이트부터 정합니다. 주문 제작하는 경우 보통은 일정 이상의 수량을 채워야 가능한 경우가 대부분입니다. 수량과 금액, 해당 업체에서 다루는 머그잔 종류 등 마음에 드는 곳을 먼저 찾습니다.

그 다음은 머그잔의 디자인 영역이 어디까지인지를 파악합니다. 머그잔 전면으로 가능한 경우도 있고, 좁은 범위로만 디자인이 가능한 대신 가격이 조금 더 저렴한 곳도 있습니다.

선택한 머그잔과 가장 유사한 실물 머그잔을 내 눈앞에 둡니다. (머그잔 주문 제작 사이트에서 프린팅 없이 하나만 주문해도 됩니다.) 이제 디자인을 합니다. 저는 일러스트레이터라는 디자인 툴을 사용하고 있습니다.

툴을 전혀 만질 줄 모른다면 주변 지인에게 의뢰하거나 디자인을 도와주는 서비스(캔바, 피그마 등)를 이용하면 됩니다.

디자인을 완성했으면 실제 사이즈 그대로 출력합니다. 그런 다음 오려서 머그잔에 임의로 붙여봅니다. 실제 느낌을 보기 위함입니다. 온라인으로만 보는 것과 실제로 보는 것에는 큰 차이가 있습니다. 저는 번거롭지만 직접 해보는 편입니다. 이렇게 수정 반복하며 내가 원하는 디자인과 사이즈를 찾아냅니다.

이제는 제작 사이트에서 결제하고 디자인 파일을 보냅니다. 제작 시안이 오면 오탈자가 없는지 꼼꼼히 확인합니다. 보통 이런 주문 제작건의 경우 최소 일주일은 소요됩니다. 일정도 잘 고려해서 주문해야 합니다.

저도 사장은 처음입니다만

전 임차인이 두고 간 스탠드 알림판은 성한 데가 없었다. 배꼽 정도 높이의 블랙 보드는 이곳저곳 상처가 많아 보였다. 보드를 지지해주는 스테인리스 봉은 녹이 슬어 있었다. 장사의 험난함을 보여주는 듯했다. 전 주인이 쓰던 물건은 불길하다는 얘기도 있지 않은가. 버릴까 생각도 했지만 수중에 돈이 모자랐다. 불길하더라도 함께 해야 했다. 정성스럽게 닦고 매장 밖으로 내놓았다.

"5월 10일부터 가오픈합니다. 신선하고 깨끗한 샐러드! 무게 당 가격으로 팔아요!"

누가 볼지는 모르겠지만 일단 써보았다. 그리고 이렇게 적음으로써 나에게도 데드라인이 생겼다. 기필코 그때까지는 오픈 준비를 마무리해야 한다. 후배나 친구들이 매장에 가끔 와주었다. 혼자서 정리하고 페인트 칠을 하기에는 양이 많았다. 돈이 없어 셀프로 해야 했는데, 친구들이 삼삼오오 도와줬다. 돕는 게 재미있다며 와줬던 그들에게 감사함을 전하고 싶다. 그리고 함께 일을 한 후 짜장면을 시켜먹었다. 왠지 모를 몽글몽글함이었다.

하루는 부모님도 오셨다. 도와줄 게 없느냐는 질문에 나는 경상도 남자답게 "괜찮다"는 말만 연신 내뱉었다. 하지만 마음이 편치는 않았다. 부모님이 강하게 반대하는 일을 하고 있어서였다. 그렇다고 매장이 그럴듯하거나 예쁘거나 하지는 않았다. 오히려 초라했다. 그런 매장에서 시작한다는 사실이 부끄러웠다. 처음 온 그날 부모님은 김밥을 두고 가셨다. 김밥을 먹으며 늦게까지 페인트칠을 했다.

당연히 방역 업체를 낄 여력도 없었다. 그래서 방충 장치를 사서 셀프로 설치하려고 했다. 벽이 콘크리트라 나사가 잘 들어가질 않았다. 전동 드릴이 필요한데 있을 리가 없었다. 어쩔 수 없이 망치질을 했다. 하지만 그것도 계속해서 하다 보니 서서히 들어갔다. "그래 하면 되잖아!" 떨어지지 않을 정도만큼만 나사가 벽에 들어갔다. 위태위태했지만 어쩔 수 없었다. 그런데 다음날부터 눈에 충혈이 심해지기 시작했다. 그냥 피곤해서 그런 건가 하며 넘겼는데, 점점 더 심해지는 게 아닌가. 이상함을 감지하고 안과에 갔다. 알고 보니 파편이 눈에 박혀있었다. 다행히 중요한 부분을 지나쳐서 박혔다고 했다. 큰일이 날뻔한 상황이었다. 뭐가 되었든 안전이 중요하다. 난 이제 사장이지 않은가. 내가 앓아누우면 이 가게도 앓아 누워야 한다.

샐러드를 위한 드레싱은 한 가지 종류밖에 없었다. 참깨 드레싱이었다. 서울에서 샐러드를 먹을 때 시판용 드레싱에 하도 물려서 직접 만들어 본 게 전부였다. 매번 조금씩 다르게 해서 먹어보곤 했는데, 그렇게 내 입맛에 딱 맞춘 것이 참깨 드레싱이었다. 나머지 드레싱을 뭐로 할지도 고민해야 했다.

그리고 매장이 어느 정도 구색을 갖춰가자 매장 한쪽에서 야채 손질을 해보았다. 다른 샐러드 메뉴도 조리해보았다. 뭘 해도 모양이 나질 않았다. 속에서는 자꾸만 이런 걱정이 떠올랐다.

'이게 될까?' '아무도 안 와서 망하면 어쩌지?'

가오픈날이 다가올수록 불안이 점점 커졌다. 새벽까지 준비하기가 일쑤였다. (초보 사장의 어쩔 수 없는 운명이다. 그 순간이 훗날 좋은 추억이 된다.)

지인들에게 알리는 것 말고는 따로 홍보할 새도 없었다. 일단 메뉴 개발이 급했다. 매장의 내용물, 가시성, 홍보 등 모든 것이 부족했다.

'학생들이 1교시(9시) 수업 전에 샐러드를 먹을까?'라는 고민을 해봤다. 내 대답은 '아니'였다. 그럼 1교시가 끝난 10시 15분에는 출출한 학생들이 우리 가게를 이용할 수 있겠다. 그래서 오픈 시간을 평일 오전 10시 30분으로 정했다.

드디어 오픈 날이 되었다. 요거트를 팔던 때와 비슷한 마음이었다. 비장했다. 그러나 이번에는 다를 거라 믿었다. 나는 이미 여러 선배님의 조언을 (책으로부터) 받지 않았나.

10시 30분이 지나 11시가 되어갈 무렵, 매장문이 열렸다. 부모님 혹은 나의 지인일 거라 생각했다. 그런데 이게 무슨 일일까. 첫 손님이 생전 모르는 커플이 아닌가.

"안... 안녕하세요!?"

"사장님, 여기 어떻게 이용하는 거예요?"

사장님이라는 호칭에 1차 당황했다. 그랬다. 나는 오늘부로 이 가게 '사장'이었다. 이용법에 대한 매뉴얼을 암기하고 있지는 않았다. 그래서 구구절절 설명했다. 샐러드를 무게 당으로 팔고 있다. 메뉴는 매일 바뀐다. 아직 드레싱은 하나뿐인데 곧 개발하겠다 등.

가 오픈 기간이라 10% 할인해서 5천 원 돈이 나왔다.

"헐. 너무 저렴한데?"

다행이었다. 그러나 나는 너무 긴장한 나머지 손을 떨었다. 얼굴은 상기되어 귀까지 빨개졌다. 그리고 그들이 궁금해하지 않을 이야기를 굳이 던지는 초보사장이었다.

"저는 여기 경북대학교 학생인데 학교는 안 다니고 이러고 있습니다. 하하..."

"..."

아직도 이불 킥하고 싶은 순간이다. 왜 그런 말이 갑자기 튀어나왔는지 모르겠다. 포장하는 동안의 정적을 이기지 못한 나였다. 그들은 갸우뚱하는 반응을 보였다. 그리고 그 사이에 그녀의 카드는 내 손에 쥐어져 있었다. 카드 리더기에 대고 가격을 입력했다. 첫 결제였다. 기적이었다.

사실 가게 초창기에는 배달기사님들이 쓰는 휴대용 카드 리더기를 사용했다. 그걸 카운터 앞에 본드로 고정해두고 카드를 긁었다. 돈을 아껴야 하니 별수 없었다. 하지만 결제 오류가 자주 나서 결국 두 달 만에 다른 리더기로 교체했다.

그들이 매장에서 퇴장했다. 매장은 다시 정적이 흘렀다. 작은 블루투스 스피커를 샀는데 그마저 말썽을 피우다 꺼진 상태였다. 정적을 비집고 갑자기 웃음소리가 나기 시작했다. 범인은 나였다. 나는 웃기 시작했다. 그들은 내 매장에서 내가 만든 샐러드를 '돈'을 주고 교환해간 것이었다. 믿기지 않았다. 돈을 낸다고? 이 상황이 말도 안 된다 싶었다.

10명이 채 되지 않은 지인들이 첫날과 그 다음 날에 걸쳐 방문해주었다. 그들은 첫 결제는 현금으로 해야 한다는 얘기를 어디서 들은 모양이었다. 하나같이 현금을 가지고 왔다. 나는 거슬러 줄 현금이 없는데 말이다. 그래도 정말 고마웠다. 그들이 자리를 채워주니 괜스레 불안했던 마음이 조금은 진정이 되었다.

간혹 지나가던 행인이 손님으로 들어오곤 했다. 그들도 마찬가지로 결제하고 샐러드를 포장해갔다. 마음 한구석에는 '이거 돈을 받아도 되나'라는 생각이 스멀스멀 올라왔다. 하지만 행복했다. 계속 부딪히니 긴장이 조금씩 풀리기 시작했다. 점점 더 손님들에게 상냥하게 대하기 시작했다.

내 예상과 맞아떨어졌다. 손님을 응대하는 일은 너무너무 행복한 일이었다! 얼마를 벌어가야겠다는 생각 따윈 필요 없었다. 손님이 좋아하면 나도 행복하니까. 월세만 낼 수 있다면, 내 월급 따윈 괜찮았다. 계속 일하고 싶다는 마음뿐이었다.

'우당탕.'

당시 내 상황에 가장 어울리는 단어였다. 뭐하나 제대로 정해진 게 없고, 능숙하지도 못했다. 그래서 더 재미있는 것인지도 모르겠다.

오픈을 하고 일하다 보면, 시간이 언제 어떻게 갔는지 모를 정도로 아직은 모든 게 서툴렀다. 오후 3시가 다가오고 있었지만, 점심을 못 먹는 일도 많았다. '밥은 어떻게 먹지...?' 처음에는 당황스럽기도 하고 웃기기도 했다. 하지만 생각할 것도 없었다. 이 상황을 받아들여야만 했다. 밥 교대를 해줄 사람은 어디에도 없었다. 빠르게 현실 적응을 해야 했다. 샐러드를 샐러드바에서 조금 담아 카운터로 돌아와 점심 대신으로 먹었다.

　아무리 내가 혼자라고 해도 밥 먹는 모습을 보이고 싶진 않
았다. 혹시나 손님이 다소 불쾌하게 느낄 수도 있었다. 그래
서 나는 최대한 몰래 먹으려고 했다. 가정용 에스프레소 기계
뒤에서 말이다. 손님이 온다면 안 먹은 척하고 인사하면 되는
일이었다.

　그런데 참 재밌는 건, 손님을 기다리고 있으면 안 오고, 밥
을 먹으려고 하면 꼭 손님이 온다는 사실이다. 먹다가 손님이
오면 복화술을 시전했다. 입을 최대한 움직이지 않은 채 응대
를 했다. 복화술 때문인지 초창기에는 몇 번은 체해서 엄청
고생을 하기도 했다.

매장 마감 시간이 되었다. 하나뿐인 가게 외등을 끄고 'Close' 표시를 했다. 우리 가게는 샐러드바에 재료가 남을 수밖에 없는 구조다. 남는 재료가 아까웠다. 하지만 재사용할 수는 없었다. 그래서 또 접시에 담았다. 그걸 저녁으로 먹었다. 그 시간 또한 참 좋았다. 오래 서 있으니 다리도 아프고 마음도 불안했는데, 그 시간만큼은 편히 쉴 수 있었다.

드디어 의자에 앉아 천천히 식사를 했다. 조금 가혹하다는 생각도 들었다. 하지만 스스로가 대견했다. 내가 선택한 일이고, 내가 주체적으로 뭔가를 해볼 수 있는 일이니 말이다. 그러면서 하루 하루를 넘겼다. 내일은 어떤 샐러드를 내면 좋을까? 그런 생각을 하며 하루하루를 마감했다. 설거지를 도맡아줄 사람도 없었고, 두 번째 드레싱을 개발해줄 사람도 없었다. 화장실이 막히기라도 하면 뚫어줄 사람도 없었다. 명색이 사장이지만, 그 모든 걸 혼자서 다해야 하는, 하지만 늘 잘 모르는 버퍼링 걸린 사장이었다.

오후 7시까지만 영업을 했음에도 퇴근은 늘 10시가 넘었다. 녹초가 된 상태로 버스에 몸을 실었다. 그래도 기분은 좋았다.

+ 판매가를 결정하는 세 가지 방법

Q. 망하지 않으려면 마진이 중요합니다. 마진을 높이려면 판매가가 높아야 합니다. 반대로 원가는 낮아야 합니다. 판매가를 높이고 원가를 낮추는 방법은 무엇일까요? 둘 중 하나를 먼저 전략적으로 적용해야 한다면 무엇부터 일까요? 저는 이렇게 해봤습니다.

A. 가격 설정에는 크게 세 가지 방법이 있습니다.

첫 번째는 원가를 정확히 계산하여 마진을 더하는 방식입니다. 가령 이 음식을 만드는 데에 300원(원가)이 들고 1,000원에 판매하게 되면 약 70% 마진이 생깁니다.

두 번째는 시장 가격의 흐름을 따라가는 것입니다. 같은 업종의 가게들이 얼마에 파는지를 조사해서 나의 포지션(가격)을 정하는 것입니다. 학원업 같은 경우에는 같은 상권에서 '일주일 3회 수업료' 평균이라는 것이 있습니다. 그것이 30만 원이라면 평균에서 조금 더 높은 전략을 쓸 것인지 조금 더 저렴하게 할 것인지를 생각해야 합니다.

세 번째는 '내가 고객이라면' 가정을 해보는 것입니다. 저는 이렇게 정하는 것이 가장 현명한 가격 설정법이라고 생각합니다. 사실 고객은 내가 음식을 만들어 내는데, 얼마나 깊은 노고가 들어가는지 잘 모릅니다. 이 가게를 유지하기 위해 월세를 얼마를 내는지도 잘 모릅니다. 그런 것을 다 모른다고 가정하고, 내가 손님이라면 얼마 정도면 충분히 값을 내겠다, 라고 생각해보는 것입니다.

가게를 처음 시작할 때, 가격 설정이 참으로 어려웠습니다. 저는 두 번째 방법을 쓰는 것도 어려웠습니다. 왜냐하면 저처럼 무게로 샐러드를 파는 가게가 없었기 때문입니다. 그래서 손님인 양 샐러드를 담아보았습니다. 내가 먹기에 적당한 양을 담았고, 이 정도 양이면 6천 원까지 흔쾌히 지불할 의사가 있나 없나를 따져보았습니다. 무게를 재어보니 400g이 조금 안 되었습니다. 그래서 100g당 1,590원이라는 단가가 나왔습니다.

물론 원가가 50%를 차지합니다. 통상적으로 굉장히 높은 원가율입니다. 하지만 어쩔 수 없었습니다. 일단은 많이 팔려야 원가를 낮출 여력도 생기기 때문입니다. 샐러드가 비싼 이유는 야채의 신선도가 중요해 로스가 많이 생기기 때문입니다. 저는 로스를 생각해서 판매가를 정하기보다는 판매가 잘되어 로스가 줄어드는 걸 고려하며 가격을 책정했습니다. 실제로 장사가 잘될수록 야채나 과일 로스가 줄어들었고, 구매도 박스 단위로 가능해져서 원가가 30% 근처까지 떨어졌습니다.

사람이 많이 모이는 곳에서 돈을 벌 가능성이 농후하다고 합니다. 마진을 정확히 지키느라 가게를 인적이 드문 곳으로 만들지 말고, 일단 사람이 많이 오도록 만든 다음 마진을 높이는 것이 현명한 방법입니다.

+ 메뉴 개발 노하우

Q. 창업 도전에 발목을 잡는 또 하나가 바로 '메뉴 개발'입니다(아이템 선정 후). 다른 가게들보다 더 뛰어나거나 적어도 유사한 수준으로 맛을 내지 못한다면, 사실 가게를 하는 게 맞을까, 고민하게 됩니다. 메뉴 개발 어떻게 하는 게 좋을까요? 저는 이렇게 해봤습니다.

A. 초짜 사장님이라면 메뉴 개발에 겁을 먹는 게 당연합니다. 하지만 저는 조리 자격증도 없고 요리를 배운 경력도 없지만 잘해낼 수 있었습니다(물론 복잡한 레시피의 음식은 아닙니다만). 그 이유는 다음과 같습니다.
첫 번째, 맛있다고 느끼는 것은 '미각'이 아니라 '오감'이 작동할 때입니다. 두 번째, 좋은 레시피는 블로그나 유튜브에서 손쉽게 구할 수 있습니다. 세 번째, 여기에 나의 팁을 곁들인다면 더욱 맛있고 특별한 음식을 만들 수 있습니다.
우리가 맛있다고 느낄 때 미각이 차지는 비중은 60% 정도입니다. 반이 넘는 수치인 만큼 당연히 중요합니다. 하지만 우리에게는 아직 40%의 기회가 있습니다. 바로 미각 이외의 후각, 청각, 시각, 촉각입니다.
철판 요리가 맛있는 이유는 바로 이 이론 그대로 적용되기 때문입니다.

철판에서 요리하는 모습(시각)을 보면서 우린 이미 맛있을 거라고 생각합니다. 그리고 여기에 소리(청각)도 가미됩니다. "지글지글"하는 소리에 군침이 돕니다. 그리고 음식의 향(후각)도 추가됩니다. 갓 볶아진 밥은 우드 트레이에 나옵니다. 정말이지 먹음직스럽습니다. 여기에 홀 직원이 다가와 치즈까지 직접 뿌려줍니다. 평범한 볶음밥이라고 할지라도 우리는 정말 맛있는 식사를 하고 있다고 느끼게 됩니다.

후식으로 나온 커피가 가벼운 컵에 나올 때와 묵직한 컵에 나올 때 또한 다릅니다. 컵의 색깔도 중요합니다. 하얀 컵에 먹을 때는 쓴맛이 많이 느껴지고, 어두운색의 컵으로 먹을 땐 쓴맛을 덜 느낍니다. 색깔의 대조가 클수록 맛을 더 크게 느낍니다. 마찬가지로 검은색에 가까운 커피가 하얀 컵에 담기면 쓴맛도 극대화됩니다. 요리에 자신이 없어도 됩니다. 레시피 개발을 꾸준히 하되, 미각 외에 다른 오감을 어떻게 자극할지도 함께 구상하면 됩니다.

백종원 레시피처럼 이미 요식업계에서 뛰어난 성과를 낸 유명인들부터 전문 요리사 못지않은 실력파 유튜버까지. 각자의 비밀(?) 레시피는 이미 온라인상에 다 공개되어 있습니다. 좋은 레시피일수록 조회 수가 많고, 유튜버는 그게 곧 수익이기 때문에 감출 이유가 없습니다.

레시피를 잘 짜고 싶다면 하나의 음식에 대해 여러 레시피를 모아보는 것이 중요합니다. 그럼 공통점과 차이점이 보입니다. 공통된 재료와 비율은 유지하되 차이점만을 가지고 나만의 요리를 만들어보면 됩니다. 차이점을 만들 재료는 웬만하면 가게에서 이미 사용하고 있거나 앞으로 사용할 재료이면 더 좋습니다.

여기에 저만의 팁을 더 드리자면, 제가 생각하는 '맛있다'라는 맛은 '모든 재료가 소외되지 않도록' 만드는 것이라고 생각합니다. 예를 들어보겠습니다. '단맛이 나는 드레싱'을 만든다고 가정해보겠습니다. 총 다섯 가지의 재료를 선택했고, 마요네즈가 베이스가 됩니다. 단맛을 낼 메인 재료는 설탕입니다. 그럼 당연히 드레싱을 맛봤을 때 설탕의 단맛이 잘 느껴져야 합니다. 그리고 나머지 재료들도 아주 조금씩은 느껴져야 합니다. 수면 위로 고개만 빼꼼히 내민 것처럼 말입니다. 그 맛을 찾기 위해 각 재료를 조금씩 늘려가며 맛을 봅니다. 그러다 느껴질 듯 말 듯한 수준에까지 이르면, 거기서 멈춥니다. 그런 다음 해당 재료가 들어간 무게를 기록하고 레시피화하면 됩니다. 이렇게 만든 드레싱은 이전보다 맛이 풍부하고 다채롭습니다. 그런 맛이 좋은 맛입니다.

정리하면, 여러 레시피를 찾아보고 공통된 재료의 비율을 체크하는 것입니다. 그런 다음 나머지 재료를 택하고, 어느 재료도 소외되지 않게끔 레시피를 짜는 것입니다. 그렇게 요리하고 나서 미각을 제외한 오감 중 어떤 것을 더 활용할 수 있을지 고민하고 요리를 완성하면 됩니다.

당신을 행복하게 해줄 매장의 숨은 비밀들

매장을 준비하고 오픈하기까지 어느 것 하나 그냥 결정한 것은 없었다. 메뉴는 물론이고 매장의 작은 부분(인테리어는 물론이고 고객의 동선까지)까지 심사숙고해서 정했다. 모든 것이 브랜딩이었다.

우선 샐러드 바의 위치를 보자. 고객이 샐러드 바를 이용할 때 옆으로 이동하며 샐러드를 담게 된다. 이때 고객의 게걸음(옆걸음질)에는 방향이 생긴다. 오른발을 먼저 내밀며 게처럼 옆걸음을 하는 이동하는 방향도 있을 거고, 반대로 왼발이 먼저 나가며 이동하는 방향도 있다. 당신은 어떤 방향이 더 편

한가. 지금 자리에서 일어나 한번 걸어보자.

나는 고객이 편한 방향으로 설계했다. 설계라고 하니 꽤 그럴싸하게 들리지만 가게 안에서의 손님의 동선을 짜는 것으로 내가 선택한 방향은 '오른발'이 먼저 나가는 방향이었다. 왜 이 방향이 편한 걸까?

그 비밀은 우리 신체의 '심장의 위치'와 관련이 깊다. 인류는 오랜 기간 전쟁을 경험한 DNA를 가지고 있다. 신체에서 가장 취약한 부위는 다름 아닌 '심장'이다. 그렇기에 심장을 숨기기 쉽도록 진화해왔다. 그래서 왼쪽 어깨를 몸 안으로 넣거나 혹은 오른쪽 어깨를 밖으로 내는 것에 능하다. 이걸 이해하면 왜 우리가 운동장에서 같은 방향으로 도는 것인지도 알게 된다. 어떤 방향으로 걸으라는 표지판도 없는데 신기하지 않은가. 우리는 운동장에서 반시계 방향으로 돈다. 이것은 오른쪽 어깨를 내며 걷는 방향과 일치한다.

게걸음을 할 때도 마찬가지다. 왼발이 먼저 나가는 게걸음은 심장을 노출하는 방향이다. 즉, 편하지 않다는 뜻이다. 그래서 오른쪽 발이 먼저 나가는 게걸음이 편하다. 샐러드바의 위치를 출입구에서 바라보았을 때 왼쪽에 둔 이유도 바로 그 때문이다. 그냥 보기 좋아서 그렇게 둔 것이 아니다.

더 나아가 물을 서빙 할 때에도 신경을 쓴다. 손님이 뒤돌

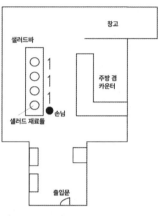

아 앉아 있는 경우, 나는 반드시 손님의 등 오른편으로 가서 서빙을 한다. 어쩔 수 없이 왼쪽에서 서빙 해야 되는 일도 있지만, 그럴 땐 "실례하겠습니다"라고 일찍 외쳐 손님이 놀라지 않도록 서빙한다.

손님이 자주 놀란다면 '기억에 남지 않을까'라고 생각할 수도 있지만 오히려 반대다. 그 매장은 '불편했던 매장'으로 기

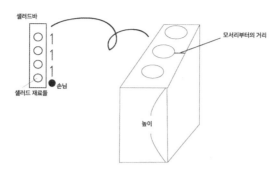

샐러드바
샐러드 재료들
손님
모서리부터의 거리
높이

억에 남을 뿐이다. 정작 뭐가 불편했는지는 모른 채 불편했다는 감정만 남는다. 그런 곳은 다시 가고 싶지가 않다. 오른쪽에서 물을 서빙하면 이 또한 심장에서 볼 때 먼 방향이다. 그럼 손님은 왼쪽에서 서빙할 때 보다 덜 놀라게 된다.

샐러드 바의 높이에도 비밀이 있을까. 바의 높이는 '애플스토어'의 매대 높이를 그대로 재현했다. 누구보다 고객 경험에 신경을 쓰는 애플은 방문객이 스토어내의 모든 것을 편하게 느낄 수 있도록 과학적으로 만들었다. 그래서 자꾸만 휴대폰을 만져보고 싶게 한다. 그러기 위해서는 적절한 높이와 적절한 '모서리부터로의 거리'가 필요하다.

이 또한 『좋아 보이는 것들의 비밀』이라는 책에서 배웠다. (책 한 권으로도 정말 많은 걸 배웠다.) 바의 높이는 약 83cm이며, 모서리로부터의 거리는 손 한 뼘 정도면 된다. 그래서 나는 샐러드 바에 올려 져 있는 집게들을 손 한 뼘 정도 떨어뜨려 배치한다. 손님들이 많이 왔다 가면 샐러드 바가 어질러지기도 한다. 그럴 때 다시 손 한 뼘을 기준으로 빠르게 정렬한다.

샐러드볼의 간격 또한 이유가 있다. 우리 어깨의 너비는 보통 40~45cm 정도 된다. 그럼 그 수치에 여유 공간을 더해 60cm 간격을 잡는다. 옆 사람과 어깨를 부딪칠 일이 없도록 한 설계다. 그러면 손님들은 마라탕 집과 다르게 샐러드 재료를 하나씩 편하게 담기 시작한다. 줄이 길게 늘어서도 어깨를 서로 부딪히는 일이 없다.

또 다른 숨은 비밀 하나만 더 얘기해보겠다. 나는 '대각선의 원리'라고 부른다. 대각선의 원리란 우리가 어떤 공간에 들어갔을 때 가장 먼 대각선부터 시선이 가는 것을 말한다. 내가 사는 자취방에 들어갈 때도 대각선부터 보게 된다. 이유는 '인간의 안전 욕구'와 관련이 있다. 해당 공간에서 나를 위협할 만한 것이 없는지 빠르게 파악하려는 본능이다. 따라서 가장 먼 곳을 바라보며 전체적으로 스캔하는 습관이 있다. 대각선의 원리란 이러한 인간의 본능을 활용하는 방법이다.

만약 '초록초록 쾌적한 방'의 느낌을 주고 싶다면 가장 먼

대각선 방향에 초록색 화분을 두면 된다. 마찬가지로 풀업기구를 대각선에 두면 내가 꾸준히 운동하고 있음을 은연 중에 강조할 수 있다(내게는 자기 암시 같은 역할도 된다). 코펜하겐커피를 가보면 대각선에 로고가 붙어 있는 것을 확인할 수 있다. 들어가자마자 상호를 바로 한 번에 인지하게끔 한 의도다.

이런 숨은 비밀들 덕분에 고객들은 내가 의도한 대로 느낀다. 당연히 그런 곳에는 재방문할 확률이 더 높다. 고작 13평밖에 안 되는 작은 매장이지만, 뭐하나 '이유 없이' 만든 건 없었다. 컬러든, 위치든, 길이든, 모든 것에는 다 이유가 있었다. 그리고 이런 '이유 있는' 선택과 결정은 여러 새로운 매장을 만들어 가는 데 있어서 단단한 초석이 되어주었다.

+ 인테리어 비용을 절약하는 방법

Q. 가게를 시작하면서 가장 많이 드는 비용이 인테리어입니다. 인테리어는 매우 중요합니다. 가게의 이미지 나아가 브랜딩에 큰 영향을 끼치기 때문이죠. 인테리어를 전문 업체(업자)에게 맡기는 일도 있지만, 비용을 아끼고 싶다면 완성도는 조금 떨어지더라도 직접 할 수도 있습니다. 여러분은 어떤 선택을 하시겠습니까? 저는 이렇게 했습니다.

A. 저는 직접 인테리어를 하는 것을 택했습니다. 제가 인테리어한 매장만 해도 스무 곳이나 됩니다. 가게 하나를 통째로 다하는 것은 어렵겠지만, 일부라도 내가 할 수 있는 것을 한다면 최소 500만 원 많게는 2천만 원에서 3천만 원 정도를 아낄 수 있습니다. 물론 시공까지 직접 한다는 것은 아닙니다. 시공은 전문 목수나 전기 설비 전문가에게 맡겨야 하고 저는 기획과 디자인을 합니다. (좀 더 자세한 인테리어에 대한 정보는 다음 글을 참조 부탁드립니다.)

셀프 인테리어에 도전해보자

셀프 인테리어를 순서대로 나열해보자. 먼저 내가 원하는 매장을 만들어 줄 시공업자 분들이 필요하다. 시공업자는 보통 한 개 분야에 대한 전문가라고 보면 된다. 일단 내 주변부터 믿고 맡길 만한 시공업자 분이 있는지 확인해본다. 만약 없다면 온라인을 뒤져봐도 좋다. 그것도 내키지 않는다면 근처 공사 현장을 방문해 일하시는 분들에게 물어봐도 좋다(나와 비슷한 규모의 가게 공사 현장 정도면 적당하다).

물론 공사 현장에 깊숙이 들어가면 이상한 사람으로 오해받기 쉬우니 출입문 근처에서 어슬렁거리자. 그리고 공사 의뢰를 좀 해도 되느냐고 물어보면 된다. 일이 많은 걸 마다할 분은 없으니, 흔쾌히 수락할 확률이 높다. 그렇게 연락처를 얻어내면 된다. 나도 실제로 다른 현장에서 업자들을 섭외한 적이 있다. 매장 주인이 없어도 부지런히 일하는 모습이 인상 깊어서였다.

시공업자를 한 명이라도 구하게 되면 그 다음은 수월하다. 그분에게 다른 분야의 전문가를 소개해달라고 부탁하면 되기 때문이다. 내가 섭외한 업자가 목공 전문가라면 그에게 전기업자 소개가 가능한지 물어보는 식이다. 그렇게 하다 보면 차츰 나의 인테리어 팀이 만들어진다.

팀이 만들어졌으면 인테리어를 하는 공간을 자세히 파악하

는 것이 중요하다. 전문가는 아니더라도 어느 정도 내 가게의 도면을 그릴 수 있어야 한다. 도면이라고 하니 대단한 것 같지만 줄자로 수치를 재고, 화장실이나 엘리베이터 같은 것들이 어디에 위치하는지 등을 표시하는 그림 정도를 생각하면 된다. 평면도를 그려보고 매장의 층고나 문 높이 따위도 함께 기록해본다. 매장에는 보통 분전함(전기와 관련된 차단기가 모여 있는)이라는 게 있다. 분전함의 위치도 기록하고, 내부 사진을 찍어 놓는다. 전기 공사를 위해서는 꼭 필요한 일이다. 다음으로 수도 계량기 위치도 파악해둔다. 이것은 수도 공사의 기초가 된다. 뭐든 자세히 기록해두면 좋다.

인테리어를 할 공간을 자주 방문해서 머릿속으로 설계를 계속해본다. 주방을 만들어야 한다면 레시피에 맞춰 주방 동선을 고려하고, 이에 맞춰 주방 기구 배치를 생각해본다. 주방을 짜는 건 쉽지 않은 부분이 있으니, 이때는 다른 가게의 주방을 참고하는 것을 추천한다. 오픈형 주방이 있는 가게나 카페 등을 찾아서 훔쳐보는(?) 방법이 있다. 꼭 주방 안까지 직접 들어가지 않아도 어느 정도 파악이 가능하다. 그리고 기억을 살려 아르바이트했던 곳의 주방 구조를 떠올려 봐도 좋다.

우리 같은 비전문가는 3D 모델링이 어렵다. 대신 내가 원하는 공간 배치를 현장 바닥에 마스킹 테이프로 표시해보는 방법이 있다. 바닥이나 벽에도 표시를 해두고, 이를 기반으로

머릿속으로 상상해보면 공간이 더 디테일하게 눈에 들어온다. 그리고 사람 한 명이 지나가는 통로는 60cm 너비는 나와야 한다는 사실도 꼭 기억하자.

이제 공사 일정을 조율할 차례다. 공사 순서는 통상 "수도 밑작업 → 전기 밑작업 → 에어컨 → 금속 → 목공 → 페인트 → 필름 → 바닥 → 유리 → 수도/전기" 이렇게 진행된다. 물론 공간 구성에 따라 순서가 바뀌기도 한다.

공정별로 시공업자를 현장에서 만나 공간을 보면서 논의하고 일정 얘기도 함께 나눈다. 내가 구현하려는 공간을 최대한 상세히 설명하는 것이 중요하다. 시공이 언제 가능한지, 얼마나 걸리는지 등을 물어보며 일정을 잡는다. 보통은 월세를 하루라도 아끼려고 공사 일정을 앞당기기도 하는데, 자칫 무리하다 보면 시공이 완전히 꼬여버리기도 한다.

공사 현장은 항상 예기치 못한 일이 많이 일어난다. 나랑 일하기로 한 인부가 앞의 현장 일이 마무리가 덜 됐다는 이유로 공사 일정을 딜레이 시키는 일도 다반사로 일어난다. 정해진 날에 일을 시작한다 하더라도 예상한 날짜보다 더 걸리는 경우도 많다. 타이트하게 일정을 짜다 보면 여러 분야의 시공이 같은 날에 동시에 들어갈 때도 있다. 그럼 작은 공간에서 동선이 겹치다 보니 작업 효율이 떨어지기도 하고 자칫하면 사고가 나기도 한다. 때로는 업자들끼리 서로 싸우는 일도 생긴다. 모든 업자는 현장이 쾌적하고 자기들만 일할 수 있는 환경이 되기를 원한다.

수도와 전기는 왜 밑작업을 하는 것일까? 바로 그다음 공정이 목공이기 때문이다. 내가 딱 원하는 위치에 수도와 전기를 사용하고 싶다면, 그에 따른 밑작업을 먼저 진행해야 한다. 수도 배관이나 전선을 원하는 포인트까지 연결한 다음, 목공으로 지저분해 보이지 않게 가리는 작업을 한다. 그러면 매장이 한층 더 깔끔해 보인다. 바닥에 마스킹 테이프를 붙일 때 수도와 전기 관련 위치도 정확히 표시를 해줘야 한다.

수도는 냉, 냉온 구분을 명확히 한다. 차가운 물만 나와도 되는지, 온수기를 달아서 따듯한 물도 함께 사용할 것인지. 그리고 물이 나오는 수도가 있다면 반드시 물이 빠지는 배수구가 존재해야 한다. 가장 일반적으로 쓰는 배수구는 50파이 짜리 배수구다. 일반 사무실처럼 물을 조금씩 흘려보내는 정도라면 50파이면 충분하다. 그러나 기름때가 계속 흘러갈 구멍이라면 50파이로는 안 된다. 더 커야 한다. 그래야 오랫동안 막힘 없이 사용할 수 있다. 카페를 만든다면 꼭 배수관의 지름이 큰 것을 사용하길 권한다.

전기는 '조명 라인'인지 '콘센트 라인'인지를 구별해야 한다. 쉽게 말해, 매장 소등 때 꺼지는 전기인지(조명 라인), 꺼지면 안 되는 전기인지(콘센트 라인) 구분해야 한다는 뜻이다. 당연히 냉장고는 매장에서 모든 스위치를 꺼도 계속 켜져 있어야 한다. 그렇다면 냉장고는 '콘센트 라인'에 물려있어야 한다.

스탠드 등이라면 어떤 라인에 물려야 할까? 사실 어느 라인을 사용하든 문제 될 것은 없다. 하지만 퇴근할 때마다 스탠드 스위치를 찾아 끄고 켤 게 아니라면 '조명 라인'에 스탠드를 꽂아 쓰는 게 좋다. 이런 부분을 잘 이해하면 매장 운영이 좀 더 편하다. 스탠드 등을 하나씩 끄는 것도 은근히 번거로운 일이다. 전기 배선 원리를 잘 이해한다면 이런 문제가 쉽게 해결된다. 출입문 쪽에서 매장 스위치 하나만 켜고 끄면 될 일이기 때문이다.

전기 공사 시 소비 전력(W) 파악도 잊지 말아야 한다. 매장에서 사용할 전기 제품의 소비 전력도 미리 조사한다. 그리고 전기업자에게 알려준다. 매장 운영 중에 차단기가 떨어지는 현상을 막기 위함이다. 차단기가 떨어진다는 것은 전기 용량이 부족해 자동으로 단전된다는 의미다. 만약 하나의 전선에 그 전선이 감당할 수 있는 소비 전력 이상으로 제품들이 물려있다면 과부하가 걸려 전선은 얼마 버티지 못하고 타버릴 수 있다(short현상).

소비 전력은 구매사이트나 구매처에서 확인하면 된다. 간혹 A(암페어) 표기만 있는 제품도 있다. 이럴 때는 단위를 혼동하지 말고 그대로 알려주면 업자분이 알아서 잘 정리해준다. 어떤 제품을 어느 위치에 쓸지 말해주고 그 제품의 소비 전력을 추가로 알려주면 된다.

다음은 에어컨 작업이다. 에어컨 역시 전기가 필요하다. 그리고 소량의 물이 빠져나온다. 즉 배수가 필요하다는 뜻이다. 통상 화장실이나 건물 외부로 배수관을 빼곤 한다. 어디로 어떻게 뺄 것인지는 미리 고민해둔 다음 업자와 미팅을 잡으면 좋다. (사실 이런 지식을 미리 알고 있다는 것만으로도 큰 도움이 된다.)

에어컨의 종류에는 크게 냉방만 되는 것, 냉난방이 함께 되는 것, 두 가지 모델이 있다. 그리고 각각 '천장형' '벽걸이' '스탠드' 모델로 또 한 번 나뉜다. 당연히 천장형이 가장 비싸다. 가장 싼 것은 스탠드형이다. 하지만 스탠드가 차지하는 공간마저도 아깝다는 생각이 들면 천장형을 쓰는 게 좋다. 그리고 공간이 분리된다면 벽걸이를 사용할 수도 있다. 천장형 에어컨을 선택했다면 목공 작업에서 천장을 덮을 것인지 콘크리트 그대로 노출할 것인지 등도 미리 결정해야 한다. 작업 과정이 달라지기 때문이다.

다음은 대망의 목작업이다. 인테리어 작업의 핵심이다. 매장의 골격이 생기는 순간이다. 마찬가지로 목공 업자에게 어떻게 꾸미고 싶은지 최대한 자세히 설명한다. 그럼 업자는 크게 골격을 만들 각목류, 골격 위를 덮을 합판류, 마감을 위한 마감재 등의 물량을 계산한다. 그리고 타카핀 종류와 수량, 목공용 풀, 마대자루, 장갑 등도 함께 체크한다. 목공업자에게 평소 거래하는 목자재소를 물어보고, 체크해준 내용 그대로 주문을 넣으면 된다. 자잿값은 내가 직접 결제하면 된다. (이때 비용 거품을 뺄 수 있다.)

목작업을 할 때 '어떤 마감을 할지?'가 중요하다. 목공 업자들도 수시로 물어볼 것이다. 예를 들어, 페인트칠이나 파벽돌을 벽에 붙여서 마감할 거라면 석고보드를 사용한다. 나뭇결을 살려 오일스테인으로 마감할 거면 합판을 사용한다. 필름을 바를 거라면 MDF를 사용한다. 이처럼 마감 방식에 따라 목공 업자들이 사용할 재료가 바뀐다. 업자에게 내가 원하는 마지막 그림은 어떤 것인지 잘 설명하면 된다.

다음은 페인트 작업이다. 페인트 작업을 바닥 공사 시작 전에 하는 이유는 칠 작업 중에 페인트가 튈 수 있기 때문이다. (같은 이유로 시트지를 붙이는 필름 작업 또한 페인트 공정 후에 한다.)

페인트 종류에는 크게 수성, 락카, 에나멜 이렇게 세 가지가 있다. 그에 맞는 희석제(함께 섞어서 묽게 만드는)를 잘 구매해야 한다. 수성은 말 그대로 물이 희석제다. 그래서 희석제를 따로 살 필요가 없다. 가격도 가장 저렴하다. 락카와 에나멜은 희석제가 각각 락카신나와 에나멜신나다. 희석제가 얼마나 필요한지는 페인트 판매점에 물어보면 된다.

페인트 컬러를 선택해보자. 기본 컬러가 몇 가지 있다. 흰색 검정이 가장 많이 쓰이고 그 외에도 아이보리, 파랑, 빨강, 노랑, 갈색 등이 있다. 기본 컬러를 선택하면 비용이 줄지만, 내가 원하는 색깔에 부합하지 않을 수 있다. 그럼 페인트 컬러표를 직접 확인해서 원하는 컬러를 지정해야 한다. 이 경우 색을 조제한다고 말한다. 조제를 하다 보니 가격이 두 배가량 뛴다. 하지만 너무 슬퍼할 필요는 없다. 페인트 작업은 뭐가 되었든 다른 공정에 비해 재료비가 적은 편이니까.

페인트는 기본적으로 목재에 칠하는 것을 전제로 한다. 금속이나 고무 등 다른 재료에 칠을 할 생각이라면 프라이머가 있어야 한다. 프라이머는 페인트칠이 해당 재료에 오래 붙어 있게끔 도와준다.

칠 작업을 할 때는 기대(?)보다 공기를 길게 잡는 게 좋다. 그냥 쓱쓱 칠하면 끝날 것 같지만 생각보다 밑작업이 많다. 그리고 칠을 하더라도 마르는 시간이 필요하다. 칠이 느리게 마르는 환경이라면(선풍기도 없는 습한 여름) 칠 업자는 일찍 퇴근하는 수밖에 없다. 건조 상태가 되어야 다음 공정을 할 수 있기 때문이다.

칠 작업 순서는 크게 "청소 → 커버링 작업 → 핸디 작업 → 빼빠(사포) 작업 → 청소 → 칠 → 덧칠"로 이어진다. 커버링 작업이란 칠이 튀면 안 되는 곳을 미리 비닐로 덮는 작업을 말한다. 핸디 작업은 칠하고자 하는 면이 고르도록 찰흙류를 발라주는 것이다. 빼빠 작업은 주로 핸디 작업한 곳을 사포로 문질러 더욱 매끄럽도록 하는 작업이다. 이 작업에는 먼지가 많이 날리므로 청소가 필수적이다. 그리고 통상적으로 사용하고자 하는 컬러의 가짓수가 많고, 칠의 종류(수성, 락카, 에나멜)가 다양할수록 시간이 더 소요된다.

다른 공정도 마찬가지지만 칠 작업은 청소가 정말 중요하다. 칠에 먼지가 묻어 그대로 굳는 경우가 많기 때문이다. 청소는 누가 깔끔하게 해주는 것이 아니기 때문에 사업주인 내가 깔끔하게 미리미리 하는 것이 좋다. 물론 업자분들이 최소한으로 청소를 하지만 그 시간을 아끼는 게 전체적인 비용을 아끼는 길이다. (그들의 시급은 최소 3만 원 이상이다.) 그리고 작업 시간을 아껴 드리려고 청소를 열심히 했다는 식으로 생색내는 얘기를 많이 하면 좋다. 그러면 공사를 더 잘해준다. (잘

해주면 잘해줬지 대충하지는 않는다.)

칠작업은 유일하게 시공 업자 도움 없이 혼자서도 도전 해볼 만한 영역이다. 그러나 직접 하는 것을 추천하지는 않는다. 직접 해보면 왜 전문가가 따로 존재하는지 단번에 알게 된다.

바닥은 크게 타일, 데코타일, 에폭시 이렇게 세 가지 종류가 있다. 금액은 타일이 가장 비싸고, 에폭시가 가장 저렴하다. 에폭시는 페인트 작업의 연장선이라 생각하면 된다. 칠을 담당하는 분이 연달아 작업해줄 수도 있다. 기존 바닥에 에폭시 하도(바닥과 칠의 접착제 역할)를 붓고, 에폭시 상도를 올리는 작업으로 진행된다. 유광 무광 등 선택이 가능하고 컬러가 있는 것도 고를 수 있다.

데코타일은 타일이 비싸서 탄생했다. 당연히 내구성이나 내수성은 그냥 타일이 훨씬 좋다. 그래서 주방 바닥에는 데코타일이 아닌 진짜 타일을 붙이는 게 좋다. 타일 느낌은 내고 싶지만 내구성이나 내수성이 그렇게 높을 필요가 없는 곳이라면 데코타일을 추천한다. 주로 학원 같은 곳에서 많이 쓰인다. 타일 시공은 주로 일당으로 도급하고 재료를 직접 수급해주길 바라는 경우가 많다. 타일 집에 직접 가서 종류를 고르고 타일과 타일 사이의 줄눈 컬러 등도 선택하면 된다.

타일에는 크게 벽면용 타일과 바닥용 타일이 있다. 벽면용도 타일 무게가 꽤 나가기 때문에 안전하게 붙어있는 것이 중요하다. 그리고 바닥용보다는 상대적으로 내구성이 떨어진다. 주로 시멘트에 본드류를 섞어 붙인다. 반면에 바닥용은 잘 떨어지지 않아야 한다. 압착 시멘트류를 발라가며 작업하고 굳히기를 한다. 줄눈은 되도록이면 어두운 게 좋다. 밝은 컬러로 했다가는 때가 탔을 때 감당이 안 된다. 타일 작업은 칠 작업과 비슷하게 굳히는 시간이 소요되는 작업이다. 그래서 예상외로 시간이 길어질 수 있음을 생각해야 한다.

이제 수도를 마무리할 차례다. 드디어 매장에 물이 나온다. 수도 작업에 필요한 기물은 미리 사둔다. 싱크대, 수전, 제빙기 따위가 된다. 최대한 직접 구하는 것이 비용을 아끼는 방법이다. 그러나 처음 인테리어를 경험하는 사람이 필요한 부속을 다 챙기기란 어렵다. 다른 건 몰라도 아래 세 가지는 꼭 기억하면 좋겠다.

첫 번째, 부속을 쓰면 배관 굵기를 변경할 수 있다. 수도 업자가 밑작업을 해놓은 수도관에서 제빙기를 연결해야 하는 경우라고 생각해보자. 현재 수도관의 지름은 A이고, 제빙기에 들어가는 수도관의 지름은 B다. 그럼 머리는 A를 끼울 사이즈, 꼬리는 B를 끼울 사이즈여야 한다. 즉 이를 연결해 줄 '중간 부속'이 필요하다는 뜻이다.

두 번째, 연결하고자 하는 것끼리의 거리를 알아야 한다. 줄자로 미리 거리 측정을 해둬야 배관을 어느 정도 길이로 사야 하는지 알 수 있다. 배관은 보통 1m 단위로 판다. 중간 부속을 잘 샀다고 해도 배관 길이를 체크하지 못했다면 또 철물점에 들리는 수고로움이 발생한다.

세 번째, 연결 부속에는 일자 피팅과 T자 형태 부속이 있다. 일자 피팅은 머리와 꼬리가 같은 사이즈인 중간 부속을 말한다. 같은 배관이지만 길이가 짧아서 연장하는 경우에 쓰인다. T자 형태의 부속은 하나의 물길을 두 개로 나눌 때 쓰인다. 하나의 수도관에서 싱크대와 제빙기로 모두 연결할 때 사용된다.

이제 끝이 보인다. 마지막 공정은 조명 공사다. 공사 과정의 화룡점정이라고 볼 수 있다. 이 과정을 잘하고 못하고에 따라

매장 퀄리티의 차이가 확 난다. 조명 사용에도 나만의 몇 가지 원칙이 있다. 매장을 예쁘게 인테리어하기 위한 노하우다.

첫 번째는 '매장의 모든 부분에 동일한 조도를 주지 말라'다. 가장 자주 있는 사례가 일자 LED 조명을 천장에 사각형 모양으로 쭉 시공하는 것이다(사진). 물론 이런 시공의 장점도 있다. 고민할 필요도 없고 상대적으로 비용도 적게 든다. 하지만 이렇게 시공할 경우 공간이 지루해진다. 심지어 좁아 보이기까지 한다. 반대로 조도가 다양하면 공간이 넓어 보이는 착시 효과가 생긴다. 그리고 조도의 변화를 쉽게 주는 방법의 하나로 천장 등이 아닌 스탠드 등을 사용하는 것도 좋다. 광원(빛이 시작하는 점)이 천장이 아닌 곳에서 시작하는 것만으로도 조도는 다양해진다.

두 번째는 '조명 컬러를 다양하게 사용하지 말라'다. 조명 컬러(색온도)에는 크게 세 가지가 있다. 주광색, 주백색, 전구색이다. 주광색은 하얀 빛, 전구색을 노란 빛, 주백색은 그 사이 정도다. 강의실에는 대부분 주광색 조명을 사용한다. 만약 전구색을 쓴다면 꾸벅꾸벅 조는 학생들이 많아질 것이다. 반면 카페는 전구색을 많이 사용한다. 전구색은 사람의 마음을 편안하게 만들어 준다. 흔히 실수하는 부분이 약간의 멋을 내기 위해 주광색, 주백색, 전구색을 섞어 쓰는 경우다. 물론 불가능한 것은 아니지만 조화롭게 섞어 쓴다는 것은 여간 어려운 일이 아니다. 그래서 처음에는 하나의 조명 컬러를 정해 통일해서 사용하는 게 좋다.

세 번째는 '이유 없이 비싼 등을 사용하지 말라'다. 등 기구 가격은 천차만별이다. 인테리어 자금 여유가 있다고 고가의 등을 사는 경우가 더러 있는데, 등 기구의 디자인이 공간에 영향을 끼치는 정도는 그리 크지 않다. 비싼 등을 쓰는 것보다 어디에 배치하느냐가 훨씬 더 중요하다. 내가 매장 인테리어에 가장 흔히 쓰는 것은 T5 간접조명, 3인치 COB 매립등, PAR 30 레일 조명이다. 가성비 최고의 등 기구다. 이 세 가지만 적절히 활용해도 충분히 매력적인 공간을 만들 수 있다. 디자인이 있는 고가의 등을 쓰고 싶다면, 포인트가 될 만

한 장소에 소량으로만 배치하는 것이 가장 좋다.

콘센트의 경우에는 매립형인지 노출형인지를 구별해야 한다. 노출이면 콘센트 박스가 별도로 필요하다(사진). 콘센트 컬러도 여러 가지다. 예를 들어 벽을 회색으로 마감할 생각이라면 회색 콘센트를 매립해서 쓰는 것이 가장 보기에 좋다.

조명 공사에 들어가기 전, 등기구와 콘센트를 미리미리 구매해서 해당 자리에 비치해보면 좋다. 빠뜨린 자재가 없어야 공사가 수월하게 끝난다.

+ 직접하는 인테리어 장단점

Q. 인테리어 과정은 꽤 복잡하고 전문 영역에 속하기도 합니다. 가게 오픈 준비(메뉴 준비나 홍보 준비)도 바쁜데 인테리어까지 할 수 있을까 당연히 고민됩니다. 업자에게 100% 맡기는 것과 내가 일일이 알아보고 하는 것 어떤 장단점이 있을까요? 간단히 설명해 드리겠습니다.

A. 가게를 오픈하기 전에 메뉴(상품)을 준비하거나 홍보를 준비할 수도 있습니다. 하지만 그 또한 생각보다 쉽지 않습니다. 상품을 준비하려면 여러 가지를 셋팅하고 조리할 장소가 필요하고, 홍보를 준비하려면 매장 사진이 필요하기 때문입니다. 그리고 커피 내리는 연습을 미리 한다고 가정해보겠습니다. 집에는 업소용 에스프레소 머신이 없습니다. 가정용 기계로 연습을 아무리 한들 크게 도움이 되지 않습니다. 즉 오픈 준비는 매장이 만들어진 후에 해도 되는 영역입니다. 그게 오히려 시간을 아끼는 길입니다.

그러면 인테리어를 내가 직접 하는 건 어떨까요? 업체에 맡기면 공사 후 예상되는 모습까지 미리 시안을 받아 볼 수 있습니다. 공사 기간도 예상대로 흘러갑니다. 크게 실패할 일도 없습니다. 그러나 역시 비용 문제가 가장 큰 걸림돌입니다. 내가 합리적인 가격에 하고 있는지 알 길이 없기 때문입니다. (가끔 공사비를 먹튀 하는 업체를 보기도 했습니다.)

저는 자금이 여유로울 때도 업체에 맡기지 않았습니다. 왜냐하면 직접 주관함으로써 배우는 것이 굉장히 많았기 때문입니다. 처음부터 매장이 만들어지는 과정을 보면 매장에 대한 이해도가 굉장히 높아집니다. 그럼 다음 공사를 할 때 응용해볼 여유가 생깁니다. 추후 매장의 수리 보수에도 능숙하게 됩니다. 그리고 서툴지만 내가 생각한 대로 점차 현실이 되어가는 모습은 뿌듯함을 주기에 충분합니다. 그래서 가맹점의 공사 외주가 들어와도 제 수고에 대한 인건비 외에는 크게 남기려고 하지 않았습니다.

전문 디자이너도 아닌데, 내가 얼마나 예쁘게 꾸밀 수 있을까 고민이 된다면, 여러 카페를 많이 다녀보고 평소 예쁘다고 생각하는 공간을 사진 찍어두거나 스케치를 해두면 좋습니다. 그리고 그 참고 사진을 바탕으로 업자와 미팅을 하면 수월하게 진행이 됩니다.

우린 전문 디자이너가 아니기에 예쁜 매장보다는 기본에 충실한 매장을 만들어야 합니다. 고객이 이용하기 편하고 브랜딩 요소가 잘 담기는 것이 중요합니다. 그것만으로도 충분히 멋진 공간이 될 수 있습니다.

코로나도 처음이지 말입니다

줄곧 혼자서 매장을 운영했다. 사장도 아직 가게를 잘 모르는데 어떻게 직원을 가르친단 말인가. 하지만 고독했다. 지치기도 했다. 이 악물고 혼자서 이어갔다. 그리고 3개월이 지나서야 첫 번째 직원(아르바이트생)이 들어왔다. 드디어 밥 시간이 보장되었다. 화장실도 편하게 갈 수 있었다. 이것마저 이렇게 행복한 일인 줄 몰랐다.

'행복, 멀리 있지 않아.'

매일 먹고 놀다가 여행을 가면 딱히 행복하지 않다. 정말 열심히 일하다가 여행을 가면, 참 달콤하다. 정말이지 그렇게 달콤할 수가 없다. 직원이 생겼다는 건, 어느 정도 장사가 된다는 것을 뜻한다. 이 또한 행복이다. 8개월 차가 될 무렵에는 저녁 파트타임 직원도 생겼다. 이제 이곳은 꽤 바쁘게 돌아가는 곳이 되었다.

하루는 오픈런 하신 여자 손님이 들어와 자리에 앉더니, 친구랑 통화하고 있었다.

"나? 지금 벌써 스셀인데?"

헉소리가 났다. '우리 매장 이름을 줄여서 부르고, 그걸 친구가 알아듣는다고?' 미소를 애써 숨겼다. 하지만 속으로는 기뻐 울었다. '이름이 유달리 길긴 했지만, 줄여서 부르기도 한다니. 나도 한 번도 그렇게 불러본 적 없는 매장 이름인데...'

그때부터 나 역시 가게 이름을 줄여서 불렀다. 그리고 샐러드 라인업은 '스샐업'으로 한 번 더 줄여 표기했다.

매장은 승승장구하는 것처럼 보였다. 마음에 여유가 생겨나는 스톡홀름으로 휴가도 다녀왔다(휴가 얘기는 다음 글에 담았다). 봄 학기에는 더 바빠질 것으로 예상했다. 개강 전, 미리 함께 일할 직원도 추가로 뽑았다. 그렇게 만반의 준비를 했다.

그러나 영화 같은 일이 벌어졌다. 국가적 재난, Covid-19의 등장이었다. 확산은 무서울 정도였다. 결국 사람들은 각자의 집으로 격리되었다. 대학가에 있는 우리는 학생을 볼 수가 없었다. 등교마저 불가해진 상황이었다.

예정대로 직원들은 모두 출근했다. 마스크를 낀 채. 샐러드를 다 같이 만들고는 있지만 힘이 나질 않았다. 먹어줄 사람이 없으니 말이다. 평소에 하지 못했던 매장 곳곳을 정리했다. 창틀도 닦고, 에어컨 필터도 청소하고, 냉장고도 청소했다. 하지만 13평 매장은 3일 정도가 지나니 더 이상 손댈 곳이 없었다. 출근을 해도 할 일이 없었다. 직원들도 출근을 기다렸을 텐데. 그들을 쉽게 자를 순 없었다.

결단을 해야 했다. 잠시 문을 닫기로 했다. 직원들에게는 미안한 마음에 유급 휴가를 주었다. 급여를 다 줄 순 없어서 50%만 지급해주어도 괜찮냐고 물었다. 그들은 되려 감사함을 표시했다. 한 푼도 안 줘도 충분히 이해할 수 있는 상황이라고 했다.

두 달 정도가 흘렀다. 코로나가 조금 완화되었지만 영업을 재개한다 한들 인건비도 안 나올 상황이었다. 그렇다고 계속 쉴 수만은 없었다. 책에서 본 적이 있다. 사업은 누군가를 돕기 위해 시작해야 하며, 매장은 늘 활기찬 공간이어야 한다고.

곰곰이 생각해봤다.

'지금 우린 누구를 도울 수 있을까? 매장이 활기차려면 어떻게 해야 할까?'

마침 뉴스에서는 코로나로 인한 간호사들의 고된 업무 현장이 계속 조명되고 있었다.

'그래, 샐러드를 만들어 고생하는 간호사분들에게 드리자!'

가게를 열고 직원들을 다시 출근시켰다. 우린 다시 바빠졌다. "차라리 이렇게 할 일이 있으니까 즐거워요!" "시간이 잘 가서 좋아요!" 직원들은 맞장구 쳐주었다. 50팩. 100팩. 200팩. 열심히 샐러드를 만들었다. 하지만 이를 배송할 차가 없었다. 많은 샐러드를 옮기는 일은 쉽지 않았다. 그때 차가 있던 다은이라는 친구가 내 사정을 듣고는 도와주기로 했다.

샐러드팩을 가득 실어 병원으로 향했다. 병원 분위기는 굉장히 삼엄했다. 병원의 통제에 따라 조심스럽게 샐러드를 전

달하고 왔다. 그리고 가게로 돌아와 외쳤다.

"우리 진짜 좋은 일 한 거야 방금! 잘했어!!!"

마스크를 꼈음에도 직원들은 신나 보였다. 매장은 다시 활기를 되찾았다. 병원에도 자연스럽게 홍보가 되었으리라.

코로나가 극심한 시기를 지나 차츰 완화될 때쯤. 손님들은 다시 매장을 찾아주었다. 감당하기 힘들 정도로 말이다. 포장 위주의 매장이라는 것 그리고 면역에 도움이 되는 건강식이라는 점이 큰 메리트로 작용했다. 운이 좋았다.

코로나 같은 국가적 재난은 누구도 예측하기 힘들다. 대학에서는 화상 수업으로 모든 수업을 대체했다. 학생들이 있어야 할 곳은 텅 비었고, 대학 상권에 속해 있는 가게들은 하나같이 치명타를 맞았다. 하지만 이에 불만을 갖는다고 달라지는 건 하나도 없다.

세상을 크게 '선택할 수 있는 것'과 '선택할 수 없는 것'으로 나눌 수 있다. 비가 내리는 건 내가 선택할 수 없는 일이다. 그러나 비를 맞을지, 우산을 쓸지, 집에서 비 내리는 걸 구경할지, 그건 내가 선택할 수 있다.

+ 남는 식재료 활용법

Q. 장사가 잘되면 상관이 없겠지만, 장사가 안되어 식재료가 남을 때 재사용이라는 유혹이 오기 마련입니다. 식재료 관리 어떻게 하는 것이 잘하는 장사일까요? 저는 이렇게 했습니다.

A. 음식 장사에서 소비자들이 중요하게 보는 것이 '음식 재사용'입니다. 요식업자라면 늘 재료비를 어떻게 아낄까 고민을 합니다. 담배의 유혹을 줄이기 위해 껌을 씹듯, 음식 재사용의 유혹을 이겨내는 방법이 있습니다. 가장 기본은 일주일 안에 사용할 양만 구매하는 것입니다. 하지만 2kg에 1만 원인 케일을 1kg에 7천 원에 구매하기란 참 쉽지가 않습니다. 그 즉시 원가가 올라가고 마진율이 떨어지기 때문입니다.

원가를 아끼기 위해 2kg를 구매하고 일주일 안에 사용하지 못했다면, 이때 유혹이 발생합니다. '조금 시든 것뿐인데 그냥 사용할까?' 그런데 그랬다가는 점점 품질이 좋지 않은 재료들이 샐러드바를 채우게 됩니다. 손님이 줄어드는 건 당연한 수순입니다. 그러니 처음에는 비싸더라도 1kg짜리를 사는 것이 맞습니다. 2kg짜리가 다 소화되도록 장사가 잘되게 하려면 말입니다. 결국 잘하는 장사란 좋은 품질의 음식을 제공하는 것에서부터 시작합니다.

일주일 안에 소비되더라도 재료는 신선할수록 좋습니다. 그럼 어디서 신선한 재료를 살 수 있을까요. 사실 모든 신선함의 시작은 농장(산지)입니다. 내가 사용하는 재료 중에 산지에서 직접 사는 방법이 있는지 찾아봐야 합니다.

저는 대구에서 가까운 상주나 칠곡에서 직접 수급하기도 했습니다. 학교 상권에 있다면 원예과나 농경제학과처럼 재배와 관련 있는 과를 찾아가 보는 것도 방법입니다. 학생들이 직접 기르는 수확물은 신선함은 물론이고 상생하는 스토리까지 만들수 있습니다.

마트에서 사는 것보다 조금 더 신선한 재료를 구하기 위해 발품을 파는 건 비효율적인 방법일지 모릅니다. 하지만 이러한 부분도 꾸준히 알린다면 달라집니다.

"농장에서 양상추를 따자마자 수급하는 샐러드 가게와 늘 마트에서 양상추를 구매해서 쓰는 샐러드 가게가 있습니다. 당신은 어느 샐러드 가게를 이용하고 싶으신가요?"

그럼에도 식자재는 남습니다. 먹기에는 아무런 지장이 없지만 버려야 하는 경우가 생깁니다. 이럴 때는 푸드뱅크(food bank)를 이용해보길 권장합니다. 푸드뱅크는 유통기한 등의 이유로 품질에는 문제가 없지만 시장에서 유통할 수 없게 된 식품을 기부받아 저소득층이나 소외계층 등으로 나눔 하는 제도입니다.

우리 가게도 그날 팔고 남은 재료는 모두 복지관으로 기부합니다. 기부 방법은 간단합니다. 가까운 복지관에 전화를 돌려 기부를 받을 수 있는 곳인지 확인하는 것입니다. 기부를 받는 곳이라면, 어느 요일 어느 시간대에 방문이 가능한지 물어봅니다.

기부하는 물품에는 내가 현재 판매하고 있는 가격이나 그 이하로 값을 책정해서 영수증을 발행합니다. 어느 정도의 기부인지 책정이 되어야 하기 때문입니다. 크지는 않지만 기부한 건 경비 처리가 됩니다. 법인의 경우 법인세, 개인의 경우 종합소득세 신고 때 절세 항목에 포함될 수 있습니다. 이런 장점도 있으니 많은 분들이 동참하면 좋겠습니다.

그리고 복지관에서 내가 기부한 음식을 어떻게 활용하고 있는지 궁금하다면 약속을 잡아 방문해봐도 좋습니다. 그걸 받아가는 사람의 반응까지도 볼 수 있습니다. 그날의 음식을 마지막까지 누군가에게 제공할 수 있다는 것은 큰 기쁨입니다. 동시에 재사용의 유혹을 떨쳐버리는 원동력이 됩니다.

진짜 스톡홀름에 가보다

본인 사업을 하면 좋은 점이 있다. 누구의 눈치도 볼 필요 없이 휴가를 다녀와도 된다는 것이다. 물론 그 선택에 대한 책임은 사장인 내가 온전히 져야 한다.

13평 가게를 만든 지 1년도 안 된 시점이었다. 장사를 시작한 첫해 겨울, 스톡홀름에 다녀오기로 했다. 겨울은 샐러드 소비가 가장 줄어드는 시기다. 그래서 그나마 휴가 내기가 좋을 때다. 스톡홀름. 상호에 쓰고 있지만, 정작 한 번도 다녀와 본 적 없는 곳. 나는 저렴하게 다녀오기 위해 취소 불가한 표를 구매했다. 딱 일주일. 스톡홀름에서만 온전히 머물기로 했다.

출국 날이 얼마 남지 않았는데, 국가적 재난이 터졌다. 코로나였다. 전례 없는 전염성이 속보로 연일 보도되었다. 부모님은 출국을 반대했다. 너무 위험하다는 것이었다. 하지만 나는 이 기회를 놓쳐서는 안 될 것 같았다. 그리고 티켓은 취소도 안 되는 것이지 않나. 어렵게 번 돈으로 끊은 티켓인데.

나는 또 한 번 고집을 피웠다. 마스크를 이중으로 쓰고 인천공항으로 향했다. 정말 재난 영화 속 한 장면 같았다. 목이 말라도 물 한 모금 마시지 않았다. 조용히 숨만 쉬었다. 다른 사람들도 마찬가지였다. 살벌한 분위기였다.

나는 거의 마지막으로 한국을 뜬 사람이었다. 내가 스웨덴에 도착했을 때, 한국에서의 출국은 불가능에 가까웠다. 어떻게 보면 운이 좋았다. 반면 스웨덴은 아직 코로나 피해를 보지 않은 청정 구역이었다. 마스크를 벗고 마음껏 다녀도 괜찮았다. 마스크 없이 숨을 쉰다는 것이 얼마나 소중한 일상인지를 깊이 깨달았다.

비록 가게 상호를 정할 때는 '스톡홀름증후군'에서 아이디어를 얻긴 했지만, 로고는 스톡홀름의 유명한 마을인 '감라스탄'의 시그니처 건물을 본떠 만들었다. 물론, 그 건물은 직접 본 적은 없었다. 구글링을 통해 찾은 이미지였다.

스톡홀름이 마냥 좋았다. 스톡홀름샐러드라고 이름을 지어서 더 그런 것 같았다. 그리고 이곳에 내가 정말 왔다는 사실이 신기했다. 일주일간의 숙박은 모두 에어비엔비로 예약했다. 나는 무리하게 이곳저곳 돌아다니고 싶지 않았다. 에어비앤비의 슬로건처럼 '여행'이 아닌 '살아보는' 시간을 원했다. 현지인의 일상을 가까이 보고 싶었다. 나는 곧장 감라스탄 마을을 찾아갔다. 길을 물어물어 찾아간 그곳에는 굉장히 큰 광장이 있었다. 그리고 거기에는 우리 가게 로고를 쏙 빼닮은 건물이 우뚝 서 있었다. 그 건물을 실제로 맞닥뜨리고 나니 온몸에 전율이 돌았다.

'와! 이 건물이구나...'

구글 속 사진에서만 보던 건물이었다. 한동안 멍하니 바라봤다. 예상보다 엄청나게 컸다. 웃음이 절로 나오고 마음은 뭉클했다. 주섬주섬 가방에서 앞치마를 꺼냈다. 앞치마에는 건물 로고가 프린트되어 있었다. 매장에서 쓰는 모자도 가지고 왔다. 조금 부끄럽지만 그 모자도 썼다. 그리고 지나가는 외국인에게(가만 생각해보니 현지인이었다) 이렇게 얘기했다.

"Hey, excuse me. Could you take a picture for me?"

(혹시 사진 한 장 찍어주실 수 있으신가요?)

그들은 흔쾌히 사진을 찍어주었다. 내가 들고 있는 앞치마, 그리고 뒤에 보이는 건물까지. 정말 역사적인 순간이었다. 이

게 뭐라고, 그렇게 신나고 기뻤을까. 광장에서 이리저리 걸으며 건물을 보고 또 보았다. 마치 사랑하는 애인을 오랫동안 보지 못하다 만난 것 마냥. 그때 갑자기 현지 아이들이 내 옆에 오더니 같이 사진을 찍자고 했다. 그들은 날 더 들뜨게 했다.

실제로 스톡홀름의 샐러드는 어떤 맛일까. 나는 스톡홀름의 여러 샐러드 가게를 찾아다녔다. 무게로 샐러드를 파는 곳도 있었지만, 한국의 마라탕집 시스템과 비슷했다. 손님이 여럿이면 불편하달까? 그리고 재료를 담은 사각 통이 붙어 있어서 섞이기 일쑤였다.

그리고 또 하나 재미있었던 건, 그들의 드레싱 '렌치'였다. 이곳에 오기 전, 어느 남자 손님이 우리 가게에서 렌치 드레싱을 찾은 적이 있었다. 그땐 잘 모르기도 해서 그냥 그런 게 있구나 하고 넘겼었다. (처음 얘기해준 그 손님에게 이 자리를 빌어 감사를 전하고 싶다.) 그때 그 손님이 말한 드레싱이 바로 이거구나, 싶었다. 여러 샐러드 가게를 들렀고, 렌치의 맛을 기억하려고 노력했다. 한국에 돌아가면 똑같이 만들어보고 싶었다.

눈에 띄는 점이 또 한 가지 있었다. 플라스틱 용기를 거의 사용하지 않는다는 점이었다. 대부분 '펄프' 재질의 용기를 사용했다. 샐러드 운반이 용이하고, 원가도 저렴한 용기는 단연 '플라스틱'이다. 나도 플라스틱 용기를 쓰고 있었다. 하지만 그들의 판매 방식을 보고 반성하는 마음이 일었다. 원가는 높아지겠지만 돌아가면 나도 종이 용기를 사용해야겠다고 다짐을 했다. 아무리 작은 가게라 할지라도 세상에 도움이 되는 매장이 되어야 했다.

샐러드를 먹다가 무슨 재료인지 모르면 그들에게 솔직하게 물어봤다. 한국에서 샐러드를 팔고 있다고 말하지는 못했다. 그냥 한국에서 온 요리사라고 둘러댔다. 내가 물어본 것 중에는 병아리콩을 으깨 만든 튀김도 있었다. 만들기가 어려워 우리 가게에 반영하기는 불가능했다. 하지만 병아리콩이라는 재료에 관심을 갖는 계기가 되었다. 그 외에도 여러 재료를 맛보고 이해하는 시간을 가졌다.

'여행이 이렇게 재미있을 수 있을까.'

난 심지어 혼자였다. 어찌 보면 외로운 여정일지도 모른다. 그러나 모든 것이 날 흥분시켰다. 메모장을 들고 다니며 기억하고 싶은 것을 죄다 적었다. 메모하는 일조차도 재미있었다. 배움의 행복이랄까. 여행을 즐기면서도 동시에 뭐라도 배우려는 내 모습이 스스로 대견스럽게 생각되었다. 스스로를 사랑하지 않을 수 없었다.

나는 스톡홀름이라는 도시를 유심히 관찰했다. '좋은 여행'이라는 것이 어떤 것인지 알게 된 여행이었다.

남들도 다 떠나니 나도 떠나야겠다 혹시 그렇게 생각한다면 아마도 현실 도피성 여행일지도 모른다. 완벽한 여행이란 현재에 충실한 다음, 잠깐 쉬기 위한 것이어야 한다. 게다가 여기에 배움까지 곁들여진다면 완벽하다.

손님들이 자주 "사장님이 스톡홀름에서 샐러드를 배워 오셨나 봐"라고 떠들었다. 그런 얘기를 들을 때면, 다른 의미가 있음을 설명해 주곤 했다. 근데, 이제는 조금 더 당당(?)하게 말할 수 있을 듯싶다. 스톡홀름을 다녀오긴 했으니까.

그렇게 황홀한 일주일이 모두 흘러갈 때쯤, 중학생 정도로 보이는 남학생들이 지나가며 나에게 "코로나 코로나"라고 놀리고 도망갔다. 웃어넘겼지만, 한국의 상태가 좋지 않음을 뜻하는 반증이었다. 실제로 귀국했을 때, 코로나는 절정에 이르고 있었다. 내가 어찌할 수 있는 것은 아무것도 없었다. 그냥 코로나를 조심하는 수밖에 없었다. 그리고 어서 렌치 드레싱을 만들어야 했다. 그것밖에 할 게 없었다.

+ 가게 휴무도 마케팅이 되도록 하는 법

Q. 가게를 운영하는 입장에서 쉰다는 결정은 참 하기가 어렵습니다. 특히 창업 초기라면 시스템을 정비하고 완성해야 하는 시기에 더더욱 하기 어려운 결정입니다. 단골 고객이 왔다가 허탕이네, 하고 돌아가는 모습도 걸리고, 하루 쉼으로써 벌지 못하는 매출도 아쉽습니다. 하루를 묵혀야 할지도 모르는 식재료 관리도 신경이 쓰입니다. 가게 매출에도 영향을 주지 않고, 손님들에게도 이득이 되는 쉼이란 어떤 것일까요? 저는 이렇게 해보았습니다.

A. 쉼을 하나의 마케팅 콘텐츠로 이용하는 방법입니다. 즉 우리 단골 손님에게 내가 다녀온 곳을 공유하는 것입니다. 그리고 여행을 다녀오기 전과 후가 어떻게 달라졌는지 알리는 것입니다. 그건 신메뉴에 해당하는 내용일 수도 있고, 가게 운영에 관한 것일 수도 있습니다.

저는 여행을 다녀온 후 신메뉴들을 줄줄이 출시했습니다. 스톡홀름에서 샀던 기념품도 매장 곳곳에 비치해 더욱 특별한 공간이 될 수 있도록 했습니다. 그리고 스톡홀름 현지에서 샐러드를 직접 보고 맛본 사실을 SNS에 공유했습니다. 그리고 포장 용기도 플라스틱에서 펄프로 바꾸었습니다.

이런 변화의 이야기는 그냥 발 뻗고 쉬기만 하는 것이 아닌, 더 나은 가게가 되기 위해 배움에 투자한 시간으로 손님에게 어필됩니다. 그리고 스토리텔링이 됩니다.

여러가지가 마음이 쓰이는 휴가라면 저처럼 해보면 어떨까요? 홍보 마케팅이 다른 게 아닙니다. 쉬는 것도 진정성을 갖고서, 그 마음을 고객에게 꾸준히 알리면 됩니다.

코로나를 이기다

마스크 착용이 일상생활로 자리 잡았다. 코로나의 기세는 여전했다. 모두가 움츠리는 시기였다.

위기가 올 때면, 늘 좋은 기회도 함께 온다는 말. 그 말 또한 우리가 자주하는 말이다. 나는 무엇을 더 할 수 있을까? 계속해서 고민했다. 기회를 잡아보려 더듬이를 세웠다.

코로나로 인해 버티지 못한 상가가 많았다. 원래부터 상황이 좋지 않던 매장이 차례대로 폐업에 들어가는 것이 보였다. 권리금은 계속 떨어지고 매물은 계속 쏟아져 나왔다. 그런 악조건 속에서도 나는 살아남았다. 업종 운도 좋았지만 매장이 작고 월세가 거의 최저이며 인건비 또한 높지 않았다.

살아남으려고만 했다면 여기서 끝일 것이다. 그러나 나는 생존을 목적으로 일하지는 않았다. 이러한 시기에도 생존이 아닌 '성장'을 목표로 해서 움직였다. 코로나로 장사가 주춤하고, 수지를 맞추기 어려울 위험이 있었지만 나는 부지런히 더 나아지기 위해 노력했다. 가게 슬로건인 "Better Tomorrow Stockholm(BTS)"처럼 말이다.

집에만 처박혀 있는 사람들의 니즈는 뭘까. 바로 집밖으로 나갈 이유가 생기는 것이다. 나는 코로나를 조심하는 것도 좋지만, 코로나를 잘 피할 면역력도 중요하다고 생각했다. 코로나에 걸리더라도 금방 회복할 수 있는 건강함이 필요하다고

생각했다. 그래서 그들을 밖으로 끄집어 낼 생각을 했다. 바로 '스샬 러닝크루'로 말이다.

러닝크루의 내용은 간단했다. 물과 음료는 모두 내가 제공했고, 직접 제작한 러닝크루 팔찌 또한 제공했다. 모임을 위한 단톡방이 개설되었다. 우리는 일주일에 두 번 정도 저녁 7시 반에 학교에서 모였다. 그리고 학교를 크게 한 바퀴 뛰었다. 물론 마스크를 낀 채 뛰어야 했다.

역시 사람은 뛰어야 한다. 맑은 공기가 폐 깊숙이 들어가야 몸이 개운해진다. 함께 한 크루들은 너도나도 자신의 실외 운동을 SNS로 퍼트렸다.

종이책이 많을 때는 전자책이 멋있어 보이는 법이다. 전철에서 모두 전자기기를 쳐다보고 있는 장면에서는 누군가 한 사람이 종이책을 읽으면 또 그게 멋있는 것처럼 보인다. 이처럼 '희소성의 원리'가 늘 작용한다. 마찬가지로 모두가 집에 있을 때는 집 밖으로 뛰쳐나오는 사람이 멋있어 보이는 법이다.

자연스럽게 우리 가게 이미지는 더욱 확고해졌다. 이 가게를 이용하면 더욱 건강해진다는 것. 이러한 이미지는 코로나 시국에도 손님들을 끌어모았다.

'확진자가 아닌 확찐자.'

그렇다. 코로나 시국이라 운동을 멀리하고, 배달 음식으로만 끼니를 해결하려니, 확 찔 수밖에. 누가 이 말을 처음 쓴 것인지는 모르겠지만 참 기특할 정도로 잘 지은 말이다. 많은 사람이 이 단어에 공감했다. SNS로도 자주 언급되었다.

그럼 난 또 뭘 해야 할까. 확찐자들을 위해 다이어트를 도와주면 된다. 연관성이 없지도 않다. 우리는 샐러드 가게를 하고 있지 않은가.

우선 SNS 를 통해 다이어트 챌린지에 참가할 사람들을 모집했다. 서른 명가량의 확찐자(?)들이 자신의 동기를 밝히고 참여를 결정했다. 챌린지 룰은 이러했다. 각자의 닉네임을 정하고 우리 가게에서 샐러드를 구매할 때마다 구매 금액을 누적시킨다. 챌린지 시작 전 몸무게의 십의 자릿수만큼 한 달간 감량에 성공하면 샐러드 구매 금액을 모두 환급해주겠다는 이벤트였다(몸무게가 57kg 이면 5kg를 감량). 공정성을 위해 챌린지 시작 전날, 직접 매장으로 와서 몸무게를 쟀다. 물론 그 몸무게를 공개하진 않았다. 나만 알고 기록했다.

아이러니하게도 참여자들은 샐러드조차 많이 담을 수 없었다. 그래서 매장에 자주 방문하지만 누적 금액이 크진 않았다. 많이 먹으면 그만큼 많이 돌려봤지만 샐러드라도 먹을수록 살이 찔 것 같은 느낌이 드는 딜레마. 참여자들을 괴롭히려고 한 것은 아니었다. 그저 재미를 주고 싶었다.

그렇게 한 달이 지났다. 몇 명이 챌린지에 성공했을까? 단 두 명만이 챌린지를 통과했다. 모두가 목표 체중에는 도달하지 못했지만 그래도 거의 모든 참가자가 감량에 성공했다. 다들 그 부분을 뿌듯하게 생각했다. 나는 성공을 못 해도 즐거워하는 그들에게 다르게라도 서비스를 챙겨주었다.

통과한 사람에게는 정말로 누적 금액을 세금 하나 떼지 않고 환급해주었다. 체중을 감량한 만큼 몸은 변한다. 몸에 맞는 예쁜 새 옷을 구매하는 명목이 곧 상금이었다. 이처럼 같은 돈이라도 어떤 의미를 지니느냐는 중요하다.

그런데 운동도 좋아하지 않고, 다이어트도 필요로 하지 않는 사람들이 있다. 그들은 코로나 시기처럼 아무도 만나지 못하는 상황에서는 정신적으로 피폐해지기 마련이다. 아시다시

피 건강은 꼭 육체에만 해당되는 것은 아니다. 정신 또한 중요하다.

'우리 스샐은 정신 건강도 챙기는 가게다!'

이런 생각이 들자 나는 '창작 활동'에 주목했다. 모교를 컨택하거나 지인들을 수소문해서 그림 클래스를 열었다. 클래스로 돈을 벌고자 하는 것은 아니었다. 한가한 시간대에 매장이 붐비면 그걸로 충분했다. 대신 참가비에 우리 가게 음료를 포함했다.

이렇게 다양한 이벤트 아이디어와 노력은 코로나 시국에도 매장이 점점 잘되는 기반이 되었다.

+ 좋은 직원 잘 뽑는 법

Q. 코로나 같은 어려운 시기를 버틸 수 있었던 것도 동고동락하는 직원이 있었기 때문입니다. 사장의 마음처럼 일해줄 수 있는 직원을 만난다는 것은 정말 대단한 행운입니다. 이런 직원을 어떻게 만날 수 있을까요? 저는 이렇게 해보았습니다.

A. 직원 관리 이전에 좋은 직원을 뽑는 것이 중요합니다. 좋은 직원을 뽑으려면 좋은 사람이 많이 지원해야 합니다. 지원자 풀(pool)이 넓고 수준이 높아야 좋은 직원이 뽑힐 확률도 높아집니다. 좋은 직원이 오면 관리도 쉬워집니다. 물론 그런 것 없이도 운 좋게 좋은 지원자가 올 수도 있습니다. 그건 정말 천운입니다. 그러려면 '좋은 회사'임을 어필해야 합니다. 지원자만 회사에 어필하는 것이 아니라 회사도 지원자에게 잘 어필해야 합니다.

우리 가게(회사)가 좋은 곳임을 어필하기 위해서는 별도의 노력을 들여야 합니다. 대기업이 아니니 높은 월급으로 어필하는 것은 불가능합니다. 월급은 낮지만 훌륭한 인재들이 오고 싶어할 이유가 있어야 합니다. 회사 분위기가 좋아요, 라고 말만 하는 게 아니라 직원들과 정말 화기애

애한 분위기를 담은 사진을 찍고, 어떻게 우리는 즐겁게 일하고 있는지 알릴 필요가 있습니다. 생일에 출근한 직원이 있다면 반나절이라도 일찍 퇴근시켜주는 것도 좋은 공략법입니다. 아니면 생일케이크를 챙겨주는 것도 좋은 이벤트입니다. 큰 혜택보다 작은 것이라도 더 챙겨주려는 마음이 중요합니다.

지원자 사이에서 원석을 어떻게 발견할까요? 물론 여기에 정답은 없지만 저만의 노하우가 있습니다. '사전 질문'으로 넣는 것입니다(사진 참조).

지원자 입장에서는 면접 전에 이런 걸 적는 것이 번거로운 일입니다. 그럼에도 이 업장에서도 일하고 싶은 마음이 큰지, 진심인지 확인할 수 있습니다.

질문1은 본인의 장단점에 대한 질문입니다. 그런데 지원자가 장점만 쓰거나 혹은 단점만 쓴다면 성의있게 답한다고 볼 수 없습니다. 이 경우 서류에서 무조건 탈락합니다. 저는 면접에서도 단점을 꼭 물어보는 편입니다. 누구에게나 단점은 존재합니다. 자신의 단점을 잘 알고 있는 사람은 스스로를 되돌아본 사람입니다. 즉 자기객관화가 어느 정도 되어있는 사람입니다. 그런 사람일수록 상대의 실수에 대해서도 예민하지 않게 반응합니다.

질문 3은 지원자가 어떤 포인트에서 스트레스를 받는지 알 수 있습니다. 예를 들어 '혼자 일하다 보니 얘기할 사람이 없어서 좀 힘들었다'라고 한다면 우리 업장에서는 항상 2인 이상의 근무조를 짜줄 수 있는지 체크해봐야 합니다. 불가능하다면 서류에서 탈락시켜 면접 보는 수고로움을 덜어야 합니다.

이 외에도 면접에서 좋은 직원을 선별하기 위한 저만의 단골 질문 세 가지가 있습니다.

첫 번째는 '주문 실수가 났을 때 대처하는 자세' 입니다. 주문받은 A를 손님에게 제공했을 때 손님이 "저는 A가 아니라 B를 시켰는데요?" 라고 말하는 경우입니다. 이때 지원자에게 어떻게 조치할 것인지 묻습니다. 이 질문에 대한 가장 좋은 답은 다음과 같습니다.

"죄송합니다 저희가 착오가 있었나 봅니다. A는 드셔도 되고 B를 최대한 빨리 다시 가져다 드리겠습니다."

그러나 주로 나오는 답들은 다음과 같습니다. 1)B를 만들어 드리겠다고 말하고 A를 회수한다. 2)카드를 받아 추가되는 금액을(B가 더 비쌀 경우) 결제하고 B를 만들어 드린다. 3)주문 확인을 재차 해서 손님의 잘못을 잡아낸다.

답에서 지원자의 성향이 드러납니다. 사실 이 질문은 결국 '손님과의 잘 잘못을 따지기도 어려울뿐더러 따진다고 득이 될 것이 없음'을 인지하고 있는지 묻는 것입니다.

두 번째 질문은 "B를 손님이 반쯤 먹었는데 실수로 엎지른 경우, 가장 먼저 목격했다면 어떻게 할 것인가?"입니다. 제가 생각하는 가장 좋은 조치 법의 순서는 다음과 같습니다. "손님의 안위 걱정 → 자리 옮겨 드리기 → 반쯤 먹었던 메뉴를 파악해서 다시 만들어 드리기 → 자리 치우기"입니다. 면접자들 대부분은 "당연히 어질러진 자리를 치우러 가야죠?"라고만 말 합니다. 표정을 보면 '뭐 더 얘기할 것이 있나?'하는 표정입니다. 간혹 내 가 생각하는 최고의 답을 해주는 면접자가 있습니다. 그들은 100% 합격 입니다.

이 질문의 핵심 또한 손님의 마음을 먼저 고려하는지와 관련이 있습니다. 다친 곳은 없는지 놀라지는 않았는지 먼저 손님의 마음을 헤아려 준 후에 조치해야 합니다. 손님은 당황한 나머지 엎지른 곳 근처를 어슬렁 거리기 마련입니다. 그럼 모든 사람에게 "이거 내가 엎지른 거예요"라고 말하는 것과 같아 불편한 마음이 지속됩니다. 그렇기에 빨리 다른 자리 로 옮겨주고, 엎지른 상황과는 별개의 사람이 되도록 도와줘야 합니다. 그리고 손님에게 "다시 만들어 드릴까요?"라고 묻는다면 90%이상이 "괜찮다"라고 말합니다. 미안하기 때문입니다. 하지만 동시에 '반 밖에 못

먹었는데...'라는 생각도 손님의 마음속에는 공존합니다. 이때는 묻지 않고 다시 B를 만들어 드리는 것이 좋습니다. 손님은 이 상황에 굉장히 감동을 받습니다. 그런 다음 자리를 치워도 늦지 않습니다.

마지막으로 "잡상인이 들어왔을 때 어떻게 대처할 것인가?"를 물어봅니다. 잡상인을 돌려보내야 하는 것은 맞지만 어떤 방식으로 돌려보내는지는 중요합니다. '본인 사비로 하나는 사드리고 보내드린다'는 답도 종종 나옵니다. 업장에서는 선호하지 않는 방식이지만 지원자의 심성을 엿볼 수 있는 대목입니다. 인상 깊었던 답변은 '단호하게 돌려보내되 입구까지 배웅해 드리겠다는 것'이었습니다. 기분 나쁘지 않게 거절하는 것은 어려우면서도 중요한 부분입니다.

세 가지 면접 질문으로 지원자의 성향을 모두 파악하기는 어렵습니다. 하지만 고심해서 질문을 선정하고 물어봄으로써 '이곳은 대충 직원을 뽑는 곳이 아니구나'를 느끼도록 하는 것은 좋은 전략입니다. 실제로 이와 같이 꼼꼼하게 물어보는 면접은 지원자 또한 평소 생각해보지 않았던 부분을 고민해보는 기회가 됩니다. 이 경우 비록 탈락하더라도 면접이 재미있었다는 평을 남깁니다.

그리고 찾아오는 모든 면접자에게는 샐러드 한 팩이나 커피 한 잔을 주었습니다. 여기에 더 나아가 면접 탈락자들에게도 신경을 썼습니다. 최저 시급을 받는 아르바이트생 지원자라도 모든 지원자에게 일일이 문자를 남겼습니다.

단순히 '함께 하지 못하게 되었습니다' 따위의 말만 하진 않습니다. 면접 때 좋았던 부분을 적어주고 어떤 부분에서 함께 못하게 되었는지 사유를 적어줍니다. 그리고 지원해줘서 감사하다는 얘기와 다음에 또 보자는 말도 남깁니다. 그들은 떨어졌음에도 작은 감동을 받습니다. 그리고 가게를 좋은 이미지로 보게 됩니다. 그 때문인지 실제로 다음 모집 공고 때 다시 지원하는 분들도 꽤 있습니다.

매장이 늘어나다

하루는 아는 형과 점심을 범어동(대구)에서 했다. 식사하고 나오는 데 가게 맞은 편으로 '임대'가 붙은 매장이 보였다.

'여기 위치가 나쁘지 않은데...'

평소에도 2호점을 내면 어떨까? 생각하고 있었지만 단연 위치는 대학 상권이었다. 그래서 다른 대학 근처로 매물을 보러 간 적도 있었지만 딱히 마음에 드는 자리는 없었다. 그러다 우연히 이곳 범어동에 새로운 선택지가 있다는 걸 깨달았다. (범어동은 서울의 강남으로 불릴 정도로 대구에서 부촌 지역이다.)

'그래 2호점이 꼭 대학가일 필요는 없잖아!'

눈앞에 있는 가게는 큰 매장은 아니었다. 굉장히 작은 평수였다. 그러나 임차인은 2천만 원 정도의 권리금을 받고자 했다. 그 정도를 투자하기에는 수중에 돈이 없었다. 설사 돈이 있다 해도 그 금액까지 주며 들어갈 위치라고 보기에는 어려웠다. 결국 기다리기로 했다. 권리금을 낮춰주면 바로 계약하겠다는 말을 하고 내 일상에 집중했다.

코로나 시기에 매장을 오픈하려는 사람은 흔치 않다. 움츠리는 시기이기 때문이다. 아마 현 임차인은 다른 임차 희망자를 구하지 못했던 것 같다. 결국 내게 다시 연락이 왔고, 원하는 조건에 맞추어 800만 원의 권리금을 주고 계약을 했다. 에어컨과 음향 기기, 각종 주방 집기 등도 그대로 사용하는 조건이어서 나쁘지 않았다. 어찌 보면 계략(?)이 성공한 셈이었다. 하지만 마음 한편으로는 편하진 않았다.

임차인은 딸이 운영하던 가게라고 했다. 유명 프랜차이즈 카페에서 점장으로 무려 8년이나 일한 경력이 있는 딸이라고 했다. 업에 대한 경력이 있다 보니 부모도 믿고 지원해주었다고 했다(보증금을 제외하고 5천만 원을 지원했다고 한다).

우린 여기서 꼭 알아야 할 것이 있다. 사장으로서 8년과 점장으로서 8년은 하는 일이 비슷해 보일지라도 전혀 다른 경력임을 알아야 한다.

사장으로서 해야 하는 일은 따로 있다. 점장은 좋은 서비스로 손님을 대할 수 있다. 파트타임 직원을 관리하고 스케줄을 조정하는 일에 능숙할 수 있다. 재고가 부족하면 즉시 발주를 넣을 수 있다. 반면에 상품을 개발하는 것, 원가와 마진을 계산하는 것, 소비 심리를 파악하는 것, 트렌드를 보는 것, 현명한 마케팅에 자신의 돈을 투자하는 것, 매뉴얼을 지키는 것이 아니라 매뉴얼을 만드는 것 등은 서툴 수 있다. 사장이 하는 일이기 때문이다. 그러니 어찌 사장과 점장의 경력이 같다고 할 수 있겠는가.

가족들 기대와 다르게 매장은 가파르게 무너졌다고 한다. 딸은 잘하고 있다는 말만 전했다고 했다. (나는 이 부분에서 좀 울컥했다.) 통상 장사가 안되면 메뉴 가짓수 탓, 인테리어 탓을 하게 된다. 메뉴는 간단히 정리할 수 있지만 인테리어는 그렇지 않다. 큰 비용이 들어가는 일이기 때문이다. 딸은 결국 다시 3천만 원의 추가 자금을 들여 인테리어를 새로 했다. 하지만 나아지지 않는 가게 사정에 결국 지쳐버렸다. 그렇게 아버지가 잠시 가게를 맡게 되었다고 했다. 가게가 빠지기 전까지만 말이다.

총 8천만 원을 들인 매장이 8백만 원의 권리금으로 돌아온 것이다. 오죽 답답했으면 그는 계약을 끝내고 이 이야기를 내게 전했을까. 듣는 내가 다 안타까웠다. 그리고 죄송한 마음도 들었다. 내가 여유 자금이 더 있었다면 좀 더 드리고 싶을 정도였다. 코로나라는 상황이 야속하기도 했다. 코로나가 없었더라면 상황이 조금이라도 더 나았을 텐데 말이다.

2019년 5월 10일은 첫 가게를 오픈한 날이고, 2020년 5월 11일은 2호점을 오픈한 날이다. 딱 1년 만에 일어난 일이었다. 물론 대출을 조금 꼈다. 사람들은 나를 의아하게 쳐다봤다. 코로나 시기임에도 매장을 더 늘린다고? 왜 이 시기에 확장하는지 알 수 없다는 반응이었다. 그리고 내 매장에 놀러 왔던 고등학교 동창 녀석이 3호점을 내주면 안 되겠느냐고 부탁을 하는 바람에 2호점이 생긴지 두 달이 안 되어 3호점까

지 오픈했다. 2호점만 있는 브랜드와 3호점까지 있는 브랜드
의 차이는 확실히 컸다.

군중 심리가 작동하는 숫자가 바로 '3'이다. 3명이 하늘을
보면 행인들도 따라 쳐다보게 된다. 스톡홀름샐러드에 대해
사람들의 관심이 쏠리기 시작했다.

하루는 기부 물품을 받으러 오는 한 복지사가 내게 물었다.

"제 또래로 보이는데, 혹시 실례가 안 된다면 나이가 어떻
게 되세요?"

그 당시 나는 26살이었고 그는 29살이었다. 뒤이어 복지사는 속마음을 꺼냈다. 창업을 하고 싶지만 용기가 나지 않는다고 했다. 그리고 절친과 같이 한번 해보면 어떨까 하고, 서로 얘기를 나눴다고 했다.

그렇게 해서 나 포함 셋이서 미팅을 했다. 가맹점에 대한 조건도 체계도 명확하지 않던 시절이었다. 하지만 그들은 만족해했다. 실질적 첫 가맹점이었다. (지금은 나와 함께 일하고 있지는 않지만, 그들의 운영 방식은 나에게 좋은 영감이 됐다. 두 분에게 고마움을 전하고 싶다.)

새로 매장은 내는 일은 신나는 일이었다. 하지만 대형 프랜차이즈가 매장을 만드는 방식과는 많이 달랐다. 무엇보다 인테리어 팀이 없었다. 내가 대표이자 인테리어 소장이었다. 매장을 운영하며 인테리어까지 했다. 나의 바람은 하나였다. 새로운 도전에 잔뜩 겁먹은 그들이 나의 도움으로 창업이라는 세계에 첫발을 내딛는 것. 그래서 정말 할 수 있는 한 최대한 저렴한 비용으로 매장을 만들었다. 내 인건비 정도는 안 받아도 괜찮았다. 내 돈 들이지 않고 인테리어를 해본다는 것 자체가 나에겐 정말 소중한 경험이었다. 그 경험을 가치 있게 봤기에 가능한 일이었다.

그렇게 3천만 원이 안 되는 돈으로 매장 개설을 도왔다. 새

가맹 문의가 또 들어왔다. 그들에게 솔직하게 말했다. 체계가 잡혀있지 않고 아직 부족한 부분이 많다고 말이다. 그러나 그들은 크게 개의치 않았다. 저렴하게 개성 있는 매장을 낼 수 있음에 메리트를 느낀 것 같았다. 그렇게 두 달에 하나 꼴로 매장이 만들어졌다. 결국 3년 만에 14호점까지 개설을 해버렸다. 인테리어에 대한 노하우는 이때 정말 많이 생겼다.

하지만 허울만 좋은 프랜차이즈였다. 프랜차이즈 운영을 위한 깐깐한 규칙 같은 것은 존재하지 않았다. 본사가 수익을 남겨 홍보에 투자해야 하지만, 수익을 남길 구조도 딱히 없었다. 매장은 점점 중구난방으로 흘러가기 시작했다. 규모가 커짐에 따라 얻을 수 있는 이점을 취해야 했다. 즉 대량 구매를 통해 원가를 낮추는 일이었다.

'가장 많이 쓰는 식자재가 뭘까?'

당연 '양상추'였다. 그때부터 나는 양상추 농장을 찾아다녔다. 그렇게 해서 '해누리'라는 농장을 알게 되었다. 처음에는 농장 대표님이 나를 그다지 좋게 봐주시지 않았다. 농장 입장에서는 우린 너무 작은 규모의 업체였다. 우리가 소비할 수 있는 양은 1톤 트럭도 되지 않았다. 농장은 주로 5톤 트럭 분량을 취급한다고 했다. 어렵게 찾아간 곳이었지만 퇴짜였다.

하지만 정말 운이 좋게도 그곳과 거래를 할 수 있었고 양상추를 받을 수 있었다. 이유는 다름 아닌 농장 직원이 나의 인스타그램을 살펴본 덕분이었다. 나의 SNS에는 스톡홀름에 다녀온 얘기와 사진이 있었는데, 그걸 본 농장 대표님이 좋은 인상을 받으셨는지, 다시 연락을 준 것이었다.

이제 양상추는 밭에서 수확되자마자 용달차에 실려 어떠한 중간 과정도 없이 우리에게로 바로 왔다. 대성공이었다.

근데 그 많은 양상추를 어디에다 보관한단 말인가. 나는 우선 창고를 임대했다. 그리고 거기에 '워크인 냉장고'(사람이 걸어 들어갈 수 있는 정도의 큰 냉장고)를 만들었다. 창고 보증금에 월세, 유지비, 냉장고를 만들기 위한 비용(800만 원)이 다시 투

자되었다. 용달차가 올 때면 나는 창고로 향했다. 그리고 열심히 양상추를 내렸다.

용달 기사님들은 늘 내게 강조했다. 본인은 양상추를 싣고 오는 사람이지 창고 안까지 옮겨주는 사람이 아니라고. 그래서 내가 직접 날라야만 했다. 생각보다 고된 작업이었다.

농장에서 갓 수확된 양상추는 진짜 달랐다. 아니 달았다! 양상추에서 단맛이 났다. 가격도 시장보다 저렴했다. 물론 다른 부대 비용을 생각하면 그게 그거일지도 모르겠지만, 좋은 재료를 고객과 점주들에게 제공할 수 있다는 생각에 신이 났다. 내가 조금만 더 고생하면 그만이었다. 몸은 고되지만 충분히 행복했다.

그러나 행복은 오래가지 못했다. 농장의 양상추 가격은 오름폭이 아주 완만했다. 급격히 떨어지지도 급격히 오르지도 않았다. 하지만 도매 시장의 가격은 하루하루가 굉장히 달랐다. 어떤 날은 도매 시장 가격이 농장에서 가져오는 가격보다 더 저렴할 때가 있었다. 그러다 보니 점주들은 내가 사온 양상추를 쓰지 않았다. 그런 이유 등으로 한번 때를 놓친 양상추는 계속 창고에 머물렀고, 점주들은 이번 주에 들어온 양상추와 지난주에 들어온 양상추를 구별해서 가져갔다. 결국 먼저 들어온 양상추는 폐기되었다.

원가를 줄이려고 노력한 일이고 물류 마진도 챙기지도 않았지만 결국 손해 보는 일이 되었다. 그리고 다시 농장의 양상추 가격이 저렴해졌을 때는 내가 농장으로부터 받는 가격 그대로 점주들에게 줄 수가 없었다. 이번에는 내가 손해 보고 싶진 않았다. 결국 좋은 의도로 시작한 일이었지만 서로 믿지 못하는 악순환이 되고 말았다.

몇몇 점주에 대한 실망과 상처가 컸다. 처음에는 점주들이 왜 이렇게 이기적일까 싶었다. 그들의 사업에 도움이 되고자 이렇게 노력했는데, 왜 이렇게 눈앞의 이해득실만 따질까 싶었다. 득과 실을 따지는 사람이 '득실득실'하다는 걸 그때 처음 깨달았다. 맥도날드가 양상추 없이 햄버거를 팔 때도 우린 안정적으로 양상추를 받았는데 말이다!

결국 창고는 2년의 임대 기간을 채우고 문을 닫았다. 그마저도 1년은 거의 사용을 안 하다시피 했다. '돈이 줄줄 샌다'는 말이 이럴 때 쓰는 말이구나 싶었다. 그 때는 하루하루가 고통이었다. 심적으로 무척 괴로웠다. 분노감이 일었다. 그건 나에게도 독이었다. 나의 하루에 집중할 수 없었고, 자꾸만 잡생각이 났다. 의욕도 잃어갔다.

하지만 뒤늦게 이해가 되었다. 그들은 나와 이 사업을 멋지게 성공시켜보고자 하는 사람이 아니었다. 그저 아이템이 없어

빌리러 온 것 뿐이었다. 그들의 목적은 철저히 '돈'이었다. 당장의 수익이 중요하니 점주들의 선택을 마냥 비난할 수는 없었다. 그렇게 그들의 사정을 되짚고 나니 마음이 한결 나았다.

점주들이 무조건 내 편일 거라는 것은 나의 착각이라는 사실을 깨달았다. 가맹 사업이 성공하려면, 돈을 벌게 해주면서 동시에 나 또한 돈을 벌 수 있는 구조여야 한다는 사실을 깨달았다.

그동안 사업을 하면서 행복했던 이유는 '좋은 직원들과 함께 일하는 즐거움'이었다. 반면에 그들은 나와 함께 일하려는 목적이 너무나 명확했다. 난 그걸 애석하게도 잘 알지 못했다. '누구와 함께하느냐'가 내 인생에서 얼마나 중요한지를 다시 한 번 깨닫는 시간이었다.

가맹점이 짧은 시간에 많아졌지만 사업적으로 성공했다고 말하고 싶지는 않다. 본사가 수익을 남기는 구조도 아니었고 각 매장의 통일성도 부족했다. 대신 매장이 늘어나는 과정에서 정말 많은 사건이 있었고, 그 사건들 덕에 오히려 내 내면은 단단해졌다. 그래서 감사하다. 나를 거쳐 간 그들 모두에게.

우리가 하루를 잘 보내는 데에는 '일'과 '사람'이 정말 중요하다. 당신은 좋은 사람과 함께 일하고 있는가?

+ 직원 관리를 잘하는 방법 세 가지

Q. 직원이든 가맹점주든 같이 일하는 사람이 정말 중요하다는 얘기를 했습니다. 그들과 케미를 맞추는 일은 돈을 버는 만큼이나 즐거운 일입니다. 좋은 사람을 뽑았다고 모든 게 끝나진 않습니다. 최소한의 관리를 필요로 합니다. 저는 이렇게 했습니다.

A. 직원 관리, 저는 다음의 세 가지를 중요하게 생각합니다. 첫 번째, 사장이 열심히 하면 직원들은 자연스레 따라온다. 두 번째, 직원들의 개인사에 대해서 조금은 관심을 갖는다. 세 번째, 직원들끼리 친하게 지낼 수 있도록 유도한다, 입니다.

사장이 된다는 것은 내가 아무리 똑똑하고 공부를 많이 했다 하더라도 어쩔 수 없이 갈아 넣어야 할 시간을 필요로 합니다. 그 시간을 거쳐야 진짜 사장이 됩니다. 솔선수범도 할 줄 아는 사장이 되어야 하는 이유가 그 때문입니다.

내가 월급을 주는 데 당연히 직원들은 열심히 일해야 하는 것 아니냐고 묻는다면, 천만에, 입니다. 같은 시간을 일해도 일의 밀도가 분명히 다릅니다. 일의 밀도는 결국 '근로 의욕'에 좌우됩니다.

사장은 매일 집에서 누워 뒹굴뒹굴하는데, 직원들이 근로 의욕이 높을 수 있을까요? 시스템이 잘 짜져 있어 자동으로 돌아갈 수 있는 매장이더라도 사장은 열심히 움직여야 합니다. 그리고 어떤 일을 하고 있는지 계속해서 직원들에게 알려야 합니다. 그렇지 않으면, 우리 사장은 놀러만 다닌다고 직원들이 생각합니다.

직원들은 거창한 걸 바라진 않습니다. 제때 월급을 받고 싶어 하고, 야근을 피하고 싶어할 뿐입니다. 저는 사장으로 한 걸음만 더 나가보길 말해주고 싶습니다. 우리 직원이 무엇을 좋아하는지, 최근에 있었던 일은 무엇이었는지, 미래에 어떻게 살고 싶은지 등입니다. 아주 조금만 개인적인 관심을 두면 좋습니다. 그리고 자주 보면 됩니다. 하지만 치근덕거리는 느낌을 주어서는 안 됩니다.

개인적인 친밀도가 약간이라도 생기게 되면, 직원은 스스로를 '일하는 부속품' 정도로 생각하지 않습니다. 사장과 인간적으로 가까워진 사이라고 생각합니다. 그런 직원은 내가 주는 월급보다 더욱 열정적으로 일에 임합니다.

아무리 바쁜 일터라도 함께 일하는 동료 덕분에 버틴다는 말이 있습니다. 동료와의 관계는 참으로 중요합니다. 업장에서 일하는 시간이 모두 다르니 시간이 겹치는 사람들끼리만 친해지기 마련입니다. 겹치지 않는 사람끼리라도 혹은 모두가 자주 모일 수 있게끔만 해주면 됩니다. 물론 여기에는 비용이 수반됩니다. 하지만 너무 아깝게 생각할 필요는 없습니다. 그들은 더욱 열정적으로 일하며 보상해줄 테니까요.

종종 편해졌다는 이유로 근무태만을 보이는 직원이 있는데, 그런 경우에는 단호하게 지적해야 합니다. 이러한 몇 가지 원칙은 정규직 직원이든 아르바이트생이든 똑같습니다.

3부.

하루가 모여
일주일이 되다

일이란 꼭 불행해야 할까

'이건 분명 뭔가 단단히 잘못됐어.'

내면의 소리가 계속해서 나를 깨웠다.

우리에게는 다섯 번의 평일이 지나면 두 번의 휴일이 온다. 그러나 내 삶을 생각하면 표현을 달리해야 할지도 모른다. 주말이 '온 것'이 아니라 주말에 겨우 '닿았다'라고. 힘겹게 닿았다. 금요일 밤이면 '내일은 미친 듯이 자야지!'라는 다짐을 몇 번이고 했다.

그러나 목구멍 뒤로 넘어가는 콧물에 잠을 설쳐야 했다. 도대체 무엇을 게워내고 싶은 건지, 재채기를 계속했다. 코를 열심히 풀어도 풀리지 않았다. 마치 나의 하루 같았다. 짜증 나는 일만 가득했다. 뭔가를 해보려고 했던 설렘들은 온 데 간데 없이 사라졌다. 아침부터 기분이 좋지 않았다. 몸이 무겁고 몹시 피곤했다.

거울을 봤다. 몰골마저 제정신이 아니었다. 생기를 잃은 눈동자가 먼저 보였다. 그리고 그 아래로 내려온 다크서클, 퍼석한 모공들. 그러고 보니, 세수할 때도 거울 보기를 피했던 것 같다. 내 얼굴이 그다지 보고 싶지 않았다. 그러다 거울 속에 있는 나 자신을 응시했다. 외면하지 않고 오랜만에 마주했다. 마지막 발악을 하듯 마음의 소리가 들렸다. 들렸다.

'뭘 하면 두근거릴까. 뭘 하면 행복할까.'

다시 힘을 내고 싶었다. 간절하게 힘을 내고 싶었다.

여행보다 먼저 떠오른 건 '강의'였다. 그중에서도 모교 후배들에게 강의하게 된다면 얼마나 좋을까. 아니, 얼마나 기분이 째질까. 상상만으로도 심장이 터질 것 같았다.

상상을 한 지 5년이 지났다. 나는 정말로, 대학교 후배들에게 창업 강의를 하고 있었다. 2주 동안, 조금 늦은 퇴근에도 불구하고 집에 돌아가 강의 대본을 썼다. 부족한 실력이지만 PPT도 직접 만들었다. 나는 노트북을 켜두고, 내 집이 마치 강의장인 듯 리허설까지 했다. 그렇게 새벽 1시에 잠들었다. 그리고 다시 오전 7시에 기상했다. 최소 여덟 시간은 자야 하는 체질이라 생각했는데 아닐 수도 있겠다는 생각이 들었다. 두근거림은 잠마저 달아나게 했다. 그런 나의 모습에 스스로

가 참 행복했다.

강의날이 왔다. 나는 내 눈앞에 있는 대학생들에게 창업 얘기보다는 내가 대학생 때 했던 고민을 먼저 꺼냈다. 인생에 대한 진지한 고민을 나도 했었다고. 그리고 창업을 왜 하게 되었는지 알려주었다. 진심 어린 마음으로 나만의 이야기를 전했다. 창업을 떠나서 그들의 고민에 조금이라도 도움이 되길 바라면서 말이다.

강의가 끝나고 학생들은 박수를 쳐주었다. 사진을 찍자는 후배도 있었다. 인스타그램으로 개인적인 질문을 더해도 되냐는 친구도 있었다. 들뜬 마음은 쉽사리 가시지 않았다. 그 마음으로 남은 하루를 보냈다.

혹시 모를 '나중'을 위해 대학 졸업은 하라는 말. 질리도록 들은 말이다. 부모님을 비롯해 모두가 너무나도 중요한 것처럼 말했다. 하지만 지금의 나에겐 '더 중요한 것'이 있다. 내가 하고 있는 '일'과 나와 함께 인생을 보내고 있는 '사람'들이다. 그렇게 나의 최종 학력은 고졸이 되었다. 어떠한 스펙도, 자격증도 없이, 그 흔한 토익 점수조차도 없이 말이다. 감사하게도 그런 나를 대학에서 불러주었다.

나의 1회 강의료는 감사하게도 100만 원까지 치솟았다. 하지만 이 책에서 돈 얘기를 하고 싶지는 않다. 나는 SNS에 떠드는 돈 잘 버는 사람들처럼 잘 벌지도 못할뿐더러, 그보다도 중요한 것이 더 많다고 믿는 사람이기 때문이다.

유퀴즈 방송에 나온 한 직장인이 '지금의 한국 사회는 돈에 미쳐있다'라고 소신 발언한 것이 그대로 방영되었다. 많은 사람이 공감했다. 오늘도 우리 가게 근처의 로또 가게에는 사람들로 가득하다. 그러나 문득 궁금하다. 당신이 일확천금을 갖게 되었다고 하자. 그렇다면 당신은 그 돈을 감당할 수 있겠는가. 큰돈을 쥐고 있을 만한 그릇이 된다고 생각하는가. 어떤 노력을 해왔기에 그릇이 큰 사람이라고 확신하는가.

나는 아직 내 그릇이 작다고 생각하며, 그릇을 키우기 위해 부단히 노력해오고 있다. 피나는 노력과 부단한 시간이 필요할 것이다. 이와 관련된 내용은 『부자의 그릇』(이즈미 마사토 지음)이라는 책에서 확인해보길 추천한다. 돈에 대해 갖고 있던 나의 관점을 완전히 바꿔준 책이다.

나는 학창시절 때 새 옷을 사 입은 적이 없다. 이유는 단순하다. 성장기에 있었기 때문이다. 어차피 얼마 못 입을 옷이니 애초에 사지 말자는 부모님의 논리였다. (이 논리는 굉장히 날 힘들게 했지만, 합리적으로 소비하는 습관을 길러주었다.) 수학여행을 갈 때면 친구들은 새 옷을 입고 왔다. 정말이지 그땐 너무 부러웠다. 배 아프다는 건 이런 느낌이구나 싶었다.

어쩌다보니 나의 별명은 '한입충'이 되어버렸다. 용돈을 받지 않던 나는 매점에 가지 않았다. 하지만 친구들은 나를 자꾸 매점으로 데려갔다. 그들은 자연스레 내게 한입씩 나눠주었다. 그리고 그런 나에게 '한입충'이라는 별명을 붙여주었다. 스트레스였다. 그 시절에는 그런 별명 하나하나가 타격감이 컸다. 애써 참았다. 그렇게 학창 시절을 보낸 나에게 '이만하면 충분하다'라며 돈 욕심이 없었을까. 천만에. 정말이지 미친 듯이 돈을 벌고 싶었다! 온전히 내 힘으로 말이다.

돈 얘기로 조회 수를 올리는 영상은 오늘도 뜬다. 그들은 쉽게 돈을 번다고 말 한다. 서로 누가 누가 많이 버나, 내세우기까지 한다. 그 영상에 홀린 당신 덕에 그들은 돈을 번다. 그리고 당신의 머릿속에는 '이상한 생각'만 가득해진다. 나 또한 자주 흔들렸다. 그들과의 간극이 너무나 컸기에. (누구는 부자라며 돈 버는 강의를 열면서 고액의 참가비를 받는다. 진짜 부자라면 그냥 좀 해줘라.)

창업 5년 차가 되어야 깨달았다. 창업을 했기에 깨달았다. 나는 '오늘 하루'를 잘 지낼 생각이면 충분하다는 결론에 도달했다. 내 힘으로 많은 돈을 벌어봐서가 결코 아니었다.

주말만 기다리며 사는 사람, 혹은 옛날의 나처럼 주말에 겨우 '닿아야' 하는 사람들은 꼭 알았으면 좋겠다. 주말을 살기 위해 5일을 (의미 없이) 버리며 살아야 하는 것이 아니라는 것. 우리는 주말이 포함된 일주일이라는 삶을 계속 반복적으로 이어 살고 있다. 평일(일하는 날) 또한 우리 삶의 일부다.

혹자는 이렇게 생각할 것이다. 어른이 된다는 것은 하기 싫은 일을 묵묵히 버티며 5일을 참아내는 것이라고. 그렇게 '어른이 되었다' 혹은 '철이 들었다'고 치부해버린다.

남들이 다 그렇게 사니까 우리도 주말만 바라보며 살아야 할까? 월급날만 바라보며 살아야 하는 걸까? 대다수가 그렇게 산다고 해서 그것이 정답은 아닐 것이다.

어느 날, 한 직원이 나랑 근무하다가 이렇게 말했다.

"여러 아르바이트를 해봤지만, 단 한 번도 일하러 가는 게 싫지 않았던 곳은 없었어요. 그런데 여기가 그런 곳이에요."
(코펜하겐커피 직원 '봄')

무뚝뚝한 그녀에게 그런 말을 들을 거라곤 예상치 못했다. 생각보다 찡한 여운이 남았다. 즐겁게 와서 열심히 일하고 가볍게 퇴근한다. 신기하게도 퇴근 후에도 에너지가 남아있다. 일은 꼭 불행해야 할까. 그렇지 않을 수도 있지 않을까?

아침이 중요하다

이상하다. 모닝콜이 울리지 않았다.

깜짝 놀라며 잠에서 깼다. 밖은 이미 밝아 있었다. 휴대폰을 보기가 무서웠다. 아뿔싸. 지각이다. 오전 8시 반까지 출근을 해야 하는데, 이미 8시 반을 넘겨버렸다.

어제 미뤄뒀던 포도드레싱을 아침에 만들어야 하는데, 그걸 떠나서 오픈을 제시간에 할 수 있을지도 모르겠다. 제대로 정리도, 치우지도 못한 채로 집을 나섰다. 어차피 뛸 거니까 씻지도 않았다. 조급해졌다. 조급함에 스트레스가 쌓였다.

매장에 도착하자마자 고구마부터 밥솥에 찐다. 그러나 더 급한 일이 또 있다. 닭가슴살부터 해동해야 한다. 이번에는 야채를 손질하기 위해 서둘러 칼질을 한다. 그런데 계속 잡생각이 떠오른다. '아 왜 못 일어난 건지' '포도드레싱 없냐고 하면 뭐라고 말하지' '이 일 다음으로 뭘 해야 하지'.

"아얏!"

결국 칼에 손이 베였다. 칼질은 어쩔 수 없이 멈춰야 한다. 지혈을 위해 키친타월로 손가락을 감쌌다. 울고 싶었다.

결국 제 시간에 열지 못했다. 오픈 시간에 딱 맞춰서 온 손님(이런 손님이 사실 제일 고마운데)의 실망한 표정이 보인다. 진짜 미안해 죽겠다. 사과를 하고 죄송한 마음에 할인해서 결제했다.

일이 계속 조금씩 꼬이다 보니 기분이 좋지 않다. 기분이 좋지 않으니 손님에게 환한 미소를 보이기가 어렵다. 즐기기보다 실수하지 않기 위해 집중한다. 그래서 그런지 금세 지친다. 아직 오후 2시밖에 되지 않았는데, 오늘만큼은 진짜 일찍 퇴근하고 싶다.

이제는 확실히 안다. 모닝콜이 울리지 않은 이유를. 사실은 내가 듣지 못한 것이다. 듣지 못한 이유는 피곤함에 잠 속에서 허우적거리고 있었기 때문이다. 피곤한 이유는 전날 야식을 먹으며 영화 한 편을 보고 잠을 청했기 때문이다. 일찍 잠이 들어야 한다는 것을 알면서도 참 쉽지 않다.

아침이 왜 중요한지 아는가. 일을 너무 사랑하는 나조차도 아침(루틴)을 챙기지 않는다면 일을 하고 싶지 않기 때문이다. 나는 내가 하고 있는 일을 누구보다도 좋아하는 데 말이다.

결국은 하루 일을 대충 마무리하고 찝찝한 마음을 안고 퇴근한다. 몸은 고되고 뿌듯함도 느껴지지 않는다.

『미라클 모닝』이라는 책이 베스트셀러로 한참 인기를 끈 적이 있다. 그 책 덕분에 새벽 5시 정도에 기상하는 나 자신을 보게 되었다. 일찍 일어나서 독서를 하거나 운동을 하거나 명상을 해보았다. 이렇게 여유 부리는 내 모습이 마치 성공한 모습인 양 생각되었다. 하지만 미라클 모닝을 시도해본 사람은 안다. 결코 쉬운 일이 아니라는 것을. 며칠은 할 수 있다. 그러나 꾸준히 하기는 정말 힘들다. 나도 도전했다가 결국에는 실패했다.

정말 미라클(기적)을 바란다면, 진짜로 매일 아침 새벽 기상을 해야 하는 것인지도 모르겠다. 하지만 모두가 기적을 바라는 것은 아니지 않은가. 적어도 내가 바라는 건 그렇게 거창한 게 아니다. 그래서 나는 미라클 모닝 말고 '조금 일찍 일어나기만 하자!'라고 생각을 고쳐먹었다.

30분 일찍 일어나니 30분의 여유 시간이 생겼다. 원래 8시 반 출근인데 30분 일찍 출근할 수 있었다. 간단히 시리얼을 챙겨 먹으며 책을 읽었다. 장사와 관련된 책이었다. 책을 읽으며 매장을 흘깃흘깃 쳐다보았다. 책의 내용을 적용할 곳이 있는지 살피는 과정이다.

『장사의 신』(우노 다카시 지음)이라는 책에서는 장사하는 사람은 유쾌하고 즐거워야 한다고 강조한다. 내가 조금 더 유쾌해지려면, 손님들에게 조금 더 재미를 주려면 어떻게 해야 할까, 고민해보았다. 그러다 하루는 샐러드 바의 집게가 보였다.

'저렇게 집게를 두면 오른손잡이인 손님에게만 편한 방식인데...'

그러다 아이디어가 떠올랐다. 집게를 모두 반대로 두기로.

반전이 주는 재미다. 원래는 샐러드 바에 있는 집게들이 모두 오른편에 있다. 왼손잡이인 사람에게는 다소 불편하지만 어쩔 수 없었다. 다수의 손님을 위해서 불편함을 느꼈던 그들에게 재미를 주기 위해 '왼손잡이 데이'를 만든 것이다. 그날만큼은 샐러드 집게와 받침대를 모두 재료의 왼편에 두기로 했다. 그런데 오른손잡이인 손님들까지도 이 이벤트를 즐거워했다.

30분 일찍 하루를 시작한다는 것은 이러한 아이디어를 떠올리고 어디에 적용할지 고민해보는 소중한 시간이다. 시작이 좋으니 마음이 푸근하고, 침착하게 다음 업무에 집중할 수 있다. 조급함에 대한 스트레스 또한 사라진다.

"잠을 더 자고 싶은데 어떡해요. 저는 원래 아침잠이 많아요. 아무리 해도 안 돼요…"

소위 아침잠이 많은 편이라며 주장하는 사람들의 볼멘 소리다. 이 프레임 안에 나를 가둬선 안 된다. 나라고 아침잠이 없을까. 절대 그렇지 않다. 이렇게 생각해보자. 아침잠이 많은 이유는 필요한 수면 시간보다 '적게 잤기' 때문이라고. 그럼 또 이런 반박이 올라온다.

"잠이 일찍 안 와요. 저는 원래 야행성이라…"

사람마다 개인차는 있겠지만 야행성 같은 것은 사실 존재하지 않는다. 그저 '습관'의 차원일 뿐이다. 스스로 습관을 만들고 그 속에 자신을 가둔 것뿐이다.

남자들은 군대에 가면 확실히 경험하게 된다. 야행성 같은 건 없다. 군 복무 중 휴가를 나와보면 충분히 아침잠을 즐겨도 되지만 저절로 눈이 떠진다. 우리는 습관의 동물이기 때문이다.

습관을 바꾸는 것은 어렵다. 갑자기 일찍 침대에 눕는다고 금방 잠이 오진 않는다. 갑자기 일찍 잤다고 해서 눈이 번쩍 떠지는 아침을 맞이하는 것도 아니다. 그러니 처음부터 너무 완벽할 필요도 무리할 필요도 없다. 평소보다 30분 먼저 자고, 30분 일찍 깨어나는 것부터 해보면 된다.

관성이라는 것이 있다. 관성은 말 그대로 현 상황을 유지하려는 힘이다. 관성을 잘 활용하면 굳이 쓰지 않아도 될 곳의 에너지 사용을 줄일 수 있다. 매일 7시에 일어나는 사람이라면 다음날에도 7시에 일어난다. 매일 10시에 일어나는 사람이 다음날에 7시에 일어난다? 당연히 에너지가 더 들 수밖에 없다. 관성이 생길수록 에너지가 아껴진다. 그리고 그 에너지를 다른 곳에 사용할 수 있다.

재미있는 사실이 있다. 직장인들이 수요일과 목요일에는 평소보다 일찍 출근한다는 거다. 이유는 평일 출근의 관성이

유지되는 시간이기 때문에 그렇다. 그러다 주말만 되면 도로 아미타불처럼 돌아간다. 그렇게 매주 관성을 만들었다가 해체하는 일을 반복한다. 어쩌면 보통의 우리 삶일지도 모르겠다. 하지만 나는 에너지 낭비라고 생각한다.

좋은 루틴은 에너지를 절약하도록 도와준다. 비축된 에너지를 갖고서 다른 창조적인 일을 하도록 도와준다. 새로운 일을 계획할 수도 있고, 연애도 할 수 있고, 여행도 할 수 있다. 회사 일과 관련 없는 다른 공부를 해도 된다.

주말에 조금 더 자는 잠이 얼마나 큰 행복(?)인지 모르는 바는 아니다. 하지만 평소보다 30분 정도만 더 자는 걸로 하자. 그정도면 충분하다. 30분의 변화로는 평일의 관성이 쉽게 깨지는 않는다. 주말을 그렇게 보내면 월요일 기상은 쉬워진다.

지금 당장 과감하게 루틴을 뜯어고쳐야겠다, 라고 다짐하지는 말자. 사람은 충분히 자야 한다. 약간만 더 일찍 자고, 약간만 더 일찍 일어나면 된다. 그렇게 시작하는 것이다.

아침을 여유롭게 준비하게 되면 사람은 행복을 느낀다. 적어도 평소처럼 스트레스와 화, 짜증으로 하루를 시작하지 않게 된다. 여유로운 마음을 갖고서 집을 나서기 때문에 다른 외부 사항에 쉽게 화낼 일도 없다. 차가 끼어든다거나, 버스가 제시간에 오지 않는다고 짜증 낼 일도 없다. 오히려 바빠 보이는 사람들을 위해 흔쾌히 양보하는 마음까지도 생긴다. 젠틀하게 양보를 하는 내 모습이 멋있고 대견하다. 행복감이란 이럴 때 찾아온다.

'좋은 시작'을 해낸 하루는 어떨까? 손님에게 환한 미소를 보여줄 수 있다.

마지막같이(X), 매일같이(O)

Y점주님이 아프다는 얘기를 들었다. 혼자서 매장을 운영하기 위해 열심히 일한 그녀에게 위궤양이 온 것이다. 참 가혹하다. 왜 먹고 놀려는 자가 아닌 열심히 하려는 자에게 시련이 오는 걸까. Y는 혼자서 매장을 운영했다. 오픈도 마감도 오로지 Y 혼자서 감내했다.

사장은 총책임자이기에 악을 쓰고 일한다. 손님에게 밝게 응대하려고 애를 쓴다. 하지만 손님들은 금방 눈치챈다. 손님들이 먼저 Y가 아픈걸 알아봐 주었다고 한다. 다행히 지금은 아르바이트생을 뽑아 조금 여유를 가지고 다시 즐겁게 일하고 있다. 물론 인건비가 들고 본인이 하는 것에 비하면 아쉬운 것도 있겠지만, 어쩔 수 없다.

일타 강사로 유명한 조정식 강사는 수업 중에 이런 말을 했다. "나랑 같은 일을 하는 사람 중에 90%는 사실 경쟁자가 아니다." 끝까지 하지 못하고 중도에 포기한다는 뜻이다. 이 말인즉슨, 우리가 중도 포기 하지 않고 열심히만 한다면 10% 안에 들 수 있다는 뜻이 된다. 그래서 일을 할 때면 늘 생각해봐야 한다.

'내가 이걸 매일 할 수 있는가?'

만약 매일 하기에는 무리가 될 것 같고, 중도에 포기할 것 같다는 생각이 든다면 방법을 바꾸어야 한다. Y점주가 아르바이트생을 뽑았듯이 말이다.

어느 일이건 체력이 중요하겠지만 요식업은 더더욱 체력이 중요하다. 주로 서서 일하고 계속해서 몸을 써야 하기 때문이다. 체력이 방전될수록 서비스의 질은 떨어진다. 내가 한 번 더 움직여 손님의 번거로움을 줄여야 하는데 그러지 못하기 때문이다. 그래서 요식업을 오랫동안 잘 해내기 위해서는 체력을 길러줄 운동이 필수다. 그리고 오랫동안 해야 한다. 매일 할 수 있을 정도의 강도와 시간을 정해서 꾸준히 해야 한다.

평소 헬스를 즐기던 H에게 연락했다.

"헬스장 어디 다녀?"

그러곤 당장 운동하는 방법을 배울 수 있는지 물었다. H는 흔쾌히 수락했다. 체력도 체력이지만 샤워장 거울에 비친 내 몸이 그다지 달갑지 않았다. 좁은 어깨에 근육이 없는 아주 마른 몸매였다. H에게 연락하던 그때는 배까지 볼록했다.

H는 쉬운 동작 위주로 먼저 알려주었다. 운동 초반에는 머신 운동을 하다가 부상을 당하는 경우가 많기 때문이라고 했다. 헬스장까지 가서 맨몸 운동이라니. 이럴 거면 집에서 해도 되는 것 아닌가, 하는 생각이 들었다.

여담이지만 난생 처음으로 헬스장에서 운동을 해보며 느낀 점이 있다. 환경을 바꿀 수 있는 여건이 되면 바꾸는 것도 좋다는 것. 나는 원래 환경 탓, 장비 탓을 하지 말자는 주의였다. 그럼에도 헬스장(운동하는 장소)에서 헬스복(운동 복장)을 입는 것은 공사 현장에서 일하기 편한 옷을 입는 것과 같았다. 바뀐 '환경'과 그에 맞춰 입은 '옷'은 나의 마음가짐부터 바꿔줬다. 그렇다고 무슨 헬스복으로 멋을 부릴 정도는 아니었다. 일단 대여 헬스복에서 출발했다.

첫날에 인바디를 측정했다. '표준 이하'가 대부분이었다. 신체의 불균형 또한 심했다. H는 내 몸이 한마디로 엉망이라고 얘기했다. 허리도 굽어있고 어깨도 말려있고 심지어 비대칭이라고 했다.

대여 헬스복에 부실한 몸. 이미 몸이 탄탄해 보이는 사람을 보면 주눅이 들었다. 그러면서 내 몸이 부끄러웠다. 하지만 그들도 나와 같은 때가 있었을 것 아닌가. 그런 생각을 하며 애써 외면했다.

근력 운동은 그렇게 갑자기 시작되었다. 여느 헬린이들과 마찬가지로 다음날은 기상조차도 쉽지 않았다. 근육이 심하게 뭉친 탓이었다. 이럴 때 꼭 등장하는 달콤한 유혹이 있다. '찢어진 근육에 휴식기를 주어야 근육이 잘 붙는다.' 하지만 한 번 더 찢어지든 그게 중요한 것은 아니었다. 헬스장에 내 등록금을 기부하고 싶지는 않았다. 그러기 위해서는 운동하는 습관부터 들여야 했다. 근육이 찢어지든 말든 말이다.

습관을 만들기 위해 가장 쉬운 방법이 무엇일까. 앞에서도 얘기한 적 있지만 '관성'을 이용하는 방법이다. 즉 무조건 매일 하는 것이다. 다만 매일 하기 위해서는 '무리'라는 걸 절대 해서는 안 된다. 통증이 올 정도로 해야 근육은 비대해진다고 하지만, 보디빌더를 할 건 아니니 일단은 가볍게 하는 대신 무조건 매일 하는 것이 중요하다.

그래서 나만의 규칙을 정했다. 매일 30분만 바짝 하는 것으로. 하루 30분 정도라면 매일이어도 무리가 없을 것이라 생각했다. 오늘이 '마지막인 것처럼' 운동할 필요는 없다는 뜻이다. 반대로 '매일 할 것처럼' 했다.

오늘도 어김없이 30분만 깔짝거리다 퇴근 준비를 한다. 소위 헬창들의 시선이 느껴진다. 두 시간 정도씩 운동하는 그들의 눈에는 내가 한심해 보일지도 모르겠다. 대신 나는 헬스를 가야 할 것인지, 쉬어야 할 것인지를 고민하지 않는다. 무조건 가는 것으로 한다. 갈까 말까 고민하지 않아야 에너지를 아낄 수 있다. 내 주변에는 주 3일만 운동하는 분들이 많다. 그들은 '오늘이 운동을 가야 하는 날인가 아닌가'를 늘 생각한다. 쓸데 없는 에너지 낭비. 그러다 결국 중도 하차한다.

사람들은 나에게 '자기 통제력이 강하다'라고 말한다. 내 생각에는 그저 서로의 방식이 다를 뿐이다. 나는 무리하지 않고 고민하지 않으려고 했을 뿐이다. 결국은 지속하는 사람이 성과를 낸다. 성과를 내면 자존감이 따라온다. 나는 허리를 다친 날에도 헬스장에 갔다. 물론 그날은 몸만 풀다 왔지만 말이다.

아무튼 가망이 없어 보이던 나의 몸에도 점점 변화가 생기기 시작했다. 체력이 좋아졌다.

5개월 뒤 인바디를 측정했다. 체중은 2kg이 늘고 대신 체지방은 2kg이 빠졌다. 그리고 근육량이 3kg이나 증가했다. 신체 밸런스도 균형 잡히게 나왔다. 등 근육의 존재도 이제야 알게 됐다. 등 근육과 가슴 근육은 허리를 곧게 펴고 있을 수 있도록 신체를 잡아주는 역할을 한다.

운동의 효과를 요약하면 다음과 같다.

"운동을 하니 자세가 바뀌었다."

"자세가 바뀌니 태도가 바뀌었다."

"태도가 바뀌니 자존감이 오른다."

"자존감이 오르니 삶에 대한 애정이 생긴다."

오직 30분. 그렇게 짧은 시간 운동하는 것은 겉으로 보기에는 티도 나지 않는다. 그러나 작은 것도 모이면 크다.

체력을 증진하기 위해 했던 운동은 내 삶을 더욱 사랑하게 했다. 하루하루가 더 행복해졌다. 물론 운동을 하고 싶지 않은 날도 온다. 그럴 때면 매일이라는 관성의 힘을 믿는다. 그 힘이 나를 살포시 밀어준다.

지금 하는 일이 '매일 할 수 있는 일'인지를 먼저 생각해보자. 아니라면 매일 할 수 있을 정도로 강도를 낮추고 매일 해보자. 그렇게 하다 보면 서서히 근력이 붙기 시작한다. 그럼 처음에 정해두었던 일보다 더 강도 높은 일을 매일 할 수 있다. 6kg 아령을 매일 들던 내가 12kg 아령을 매일 들 수 있듯이 말이다.

근데 비단 이 논리는 운동에만 적용되지는 않는다. 사업에도 적용된다.

평생 일할 수 있는 사람이 되자

당장 일을 안 해도 된다면? 일을 안 해도 먹고 사는 데 지장이 없다면? 당신은 일을 그만둘 것인가? 아마 대부분 사람은 '네'라고 대답할 것이다. 일의 의미는 생각보다 큰 데, 대다수 직장인은 그걸 잘 모른다. 감히 드리는 말씀이지만 내가 보기에는 그렇게 보인다.

최근에 캐빈커피 베이킹팀에 지원한 S가 있다. 우리 어머니보다도 연세가 많으신 분이다. 이제 겨우 서른 살인 내가 면접을 봐도 되는 건가 하는 생각이 들었다. S는 요식업에서는 무경력이지만 미술 학원을 운영한 경험을 갖고 있었다. 어떤 계기인지는 모르겠지만 오래 운영했던 학원을 접었다고 했다. 그렇다고 해서 생계유지를 위해 지원한 것 같지는 않았다.

그는 간절히 일을 바라고 있었다. 좀 더 정확히는 그냥 '일'이라는 것을 제발 좀 하고 싶다고 말했다. 그리고 '지금 무료하다'라는 말도 솔직하게 했다. 사실 면접 때 듣기에는 그다지 좋은 단어는 아니다. 다른 사람이었다면 바로 탈락을 시켰을 거다. 하지만 나는 그 말이 꽤 진심처럼 느껴져 호기심을 갖게 되었다. S는 지금 당장 청소라도 시켜주면 좋겠다고 내게 말했다. 그렇게 인연이 된 S는 현재 누구보다도 열심히 일한다. 청소를 열심히 하는 건 물론이고 일에 대한 책임감도 크다. 너무 감사할 따름이다.

2020년 12월, 추운 겨울날 아침, 나는 목공 반장님과 오전 6시 반에 만나기로 했다. 그는 나를 태우고 진주로 향했다. 첫 가게부터 5호점까지 목공을 해주신 분이다. 성이 강씨라 '강 목수님'이라고 부른다. 우리는 스톡홀름샐러드 6호점 실내 인테리어를 할 예정이었다. 가맹점 공사 비용은 당연히 점주 분이 내지만, 나는 그 비용을 아껴 드리고 싶었다. 공사 비용을 아끼는 가장 좋은 방법은 직접 인테리어의 모든 과정을 주관하는 것이다.

이번 공사는 조금 특별했다. 처음으로 타지에서 하는 공사였다. (5호점까지는 대구에 오픈했다.) 목수분들은 보통 7시 반에 출근해서 오후 4시 반까지만 일한다. 그리고 총 네 번의 믹스커피를 마신다. 시계를 보지 않는데도 늘 비슷한 시간대에 믹스커피를 마시는 게 신기했다. 오랜 공사 현장에서 만들어진 생체 리듬 시계 같은 거였다.

"커피 한 잔 먹고 하자."

목재를 자르던 강목수님이 허공에 대고 한마디 했다. 나는 즉각적으로 움직였다.

커피포트 내부를 물로 쓱 헹궈내고 물을 끓인다. 종이컵을 인원수만큼 펼치고 믹스커피를 탈탈 털어 넣는다. 뜨거운 물을 넣고 믹스커피 포장지로 휙 젓는다. 물을 많이 넣고 마시는 분, 반대로 적게 넣고 마시는 분 등 취향에 맞게 커피를 세팅한다.

다른 목수분들도 하던 일을 마무리하고 톱다이(톱질 작업대) 쪽으로 모였다. 커피에 톱밥 가루가 조금 들어가는 것 정도는 개의치 않았다. 그들은 톱밥을 보약이라고 칭했다.

5분 정도 되는 시간 동안 커피를 마시고 잠시 사적인 얘기들이 오간다. 유일하게 일과 관련이 없는 대화가 오가는 시간이다. 그러다 강목수의 한마디에 다들 자리를 털고 일어난다.

"이 부분은 뭐로 마감한다 했지예?"(목공 작업을 한 후 페인트 칠을 할 것인지 필름을 붙일 것인지 타일을 붙일 것인지 물어보는 것.)

하루 20분 정도의 시간만 사적인 얘기가 오갈 뿐 나머지는 일과 관련해서 주고받는 몇 마디 얘기, 타카 소리, 톱 소리, 공사 먼지가 전부인 현장이다.

나는 그들이 일하는 동안 하염없이 현장 청소를 한다. 그래야 그들이 다칠 위험도 줄어들고 일이 빨리 진행된다. 자재를 같이 옮겨주기도 하고 필요한 의사결정도 빨리빨리 내어 드린다. 커피 서비스는 기본이다.

공사가 끝날 때쯤이면 눈이 시큰해진다. 보약(톱밥)이 눈에 많이 들어간 탓이다. 옷도 더러워지고 눈도 충혈되었지만 그래도 뿌듯하다. 매장은 서서히 제 모습을 찾아간다.

현장에 있는 업자들이 퇴근을 망설였다. 처음에는 대구로 다시 돌아갈까 생각도 했지만 거리가 제법 있었다. 결국 숙소를 잡기로 했다. 총 3일의 공사를 위해 이틀은 숙박하기로 결정했다.

내 인생에서 다시 하지 못할 신박한 경험이었다. 아버지뻘 50대, 60대 아저씨들과 한방에서 자게 된 것. 그것도 모텔에서 말이다.

강목수님이 야식으로 치킨을 사겠다고 했다. 나는 편의점에서 막걸리를 사왔다. 모텔방에 모여 반주를 걸치며 처음으로 20분 이상의 사적인 대화를 나눴다. 그들의 대화는 당시 20대인 내가 듣기에는 정말 참신한 것투성이었다. 한마디로 어른의 세계였다.

'아내가 아프다는 얘기' '딸이 간호대에 입학한 얘기' '요즘에는 앞이 잘 안 보인다는 얘기'.

그렇게 울적한 얘기며, 흐뭇한 얘기며, 그런 이야기들이 오가는 밤이었다. 가장 연세가 많고 키가 크신 김목수님이 나를 보며 갑자기 이런 이야기를 했다.

"저는 이 나이에도 일할 수 있는 게 참 기뻐요."

환갑이 넘었음에도 누군가 나를 필요로 하고, 나에게 일을 주고, 내가 그 일을 해낼 능력과 체력이 된다는 것이 얼마나 기쁘고 감사한 일인지 모른다고 했다. 결코 가볍게 하는 얘기가 아니었다. 주름 가득한 그의 표정이 그 사실을 웅변하는 듯 했다. 그의 말에 그저 고개를 주억거릴 뿐이었다. 강목수님도 옆에서 맞장구를 쳐주었다.

지금에서야 하는 얘기지만, 나의 인생 목표가 생기는 순간이었다.

"돈을 몇십 억 원, 몇백 억 원을 벌자가 아닌 평생 일할 수 있는 사람이 되자! 할아버지가 되더라도 누군가 나를 필요로 하고, 나의 이야기를 듣고 싶어 하는 젊은이들이 있고, 나에게 일을 주려고 하고, 그걸 또 해낼 능력과 체력이 되는 그런 사람이 되자."

손에는 상처와 굳은살이 배일만큼 고된 일을 하는 그들이지만, 그날 만큼은 하나도 불행해 보이거나 힘들어 보이지 않았다. 그들은 톱밥이 보약인 것처럼 일할 수 있는 하루에 행복해하고 있었다.

그리고 나도 인생을 멀리 보기 시작했다.

내가 정말 알아야 할 모든 것은
유치원에서 배웠다

『내가 정말 알아야 할 모든 것은 유치원에서 배웠다.』

이 책은 로버트 풀검이라는 작가가 세일즈맨부터 목사로까지 다양한 직업을 전전하며 깨달은 것들을 쓴 책이다. 우리나라에서도 몇 번의 개정판을 내면서, 30년 가까운 시간 동안 많은 사람들로부터 사랑받고 있는 베스트셀러다.

작가는 책에서 '실행'의 중요성을 얘기한다. 유치원생 정도의 사회 경험을 가진 사람이라면 누구나 다 알고 있지만, 그저 하지 않을 뿐이라고 주장한다.

나는 당신의 삶이 어떤지 궁금하다. 혹시 당신이 "나는 내 삶이 싫어, 다른 삶을 살고 싶어, 그저 평범한 삶일 뿐이야." 이렇게 말한다면, 다시 묻고 싶다.

"당신은 정녕 잘사는 방법을 진짜 모르시나요?"

아닐 것이다. 로버트 풀검의 책 제목처럼 우리는 분명 알고 있다. 이 책에는 사실 새로운 내용이라고 할만한 것은 없다. 정말 우리는 유치원에서 이미 다 배웠다.

돈을 흥청망청 쓰라고 하지도 않는다. 야근했다는 이유로 술을 마시고 밤늦게까지 넷플릭스를 보라고 말하지도 않는다. 동료와 어울리기 위해 흡연을 하라고 하지도 않는다. 누군가가 마음에 들지 않는다고 욕해도 된다고 하지도 않는다. 대신 부지런히 움직이라고 한다. 돈과 시간을 낭비하지 말라고 한다. 몸에 이로운 음식을 먹으라고 한다. 일찍 자고 일찍 일어나라고 한다. 책을 읽으라고 한다. 다른 사람들과 비교하지 말라고 한다. 이웃을 돕고 사랑하라고 한다. 진짜로 유치원에서 다 가르쳐주는 것들이다.

아는 것만 잘 지켜도 우리 삶은 지금보다 훨씬 나아질 것이다. 하지만 잘 알면서도 귀찮다는 이유로 번거롭다는 이유로 잘 지키지 않는다. 그러면서 불안해한다. 불안감은 더욱 몸을 경직되게 만든다.

'아침 일찍 일어난 새가 피곤하다'라고 개그맨 박명수가 말했다. 실제로 조금 일찍 일어나서 하루를 시작해보면 약간의 피로감이 있을지 모르겠지만 상쾌함이 더 크다. 긍정적인 열정이 생긴다. 겨울이면 동이 트기 전에 하루를 시작한다는 것이 나 스스로 엄청난 사람이 된 것 같은 기분을 들게 한다.

중요한 것은 '자신이 느끼는 감정'이다. 새벽 3시에 자서 오전 10시에 기상해서 느끼는 감정과 오후 10시에 자서 새벽 5시에 기상해서 느끼는 감정은 다르다. 무엇이 더 낫다 그렇지 않다, 판단하기는 어렵다. 대신 '마음이 공허하고 기분이 썩 좋지 않아!' 이런 감정이 중요하다. 만약 이런 감정이 드는 생활을 한다면, 자신의 습관을 조정해볼 필요가 있다.

하지만 굳이 과학적으로 따지자면, 생체 리듬에 맞춰서 습관을 갖는 것이 가장 좋다. 일조량에 맞춰 일어날 시간과 잘 시간을 조정하는 것이 가장 현명하다. 리듬에 맞춰서 생활하면 아침에 일어나는 과정이 부드러워지고 정신도 맑아진다.

유치원에서 배웠던 것들을 하나둘 습관으로 만들어 보자. 그렇게 하루가 채워지면 당신의 '오늘'은 분명 달라져 있을 것이다.

취침 준비를 하고 누웠을 때 기분이 어떤가. '오늘 하루' 참 잘 보냈다는 생각이 드는가. 만약 그런 감정이 느껴진다면 불안해하지 않아도 된다. 잘하고 있다는 증거니까. 이 또한 우리는 잘 알고 있다. 우리는 '이미' '다 알고 있다'.

나는 오늘도 여유롭게 출근하기 위해 30분 정도 일찍 기상한다. 그리고 물 한잔을 마시고 윗몸일으키기부터 시작한다. 다른 근력 운동도 짧게 한 후 출근 준비를 한다. 그렇게 하고 나면 상쾌하게 집을 나설 수 있다. 오늘도 뭔가 해낼 것 같은 생각(혹은 감정)이 든다.

가장 많은 힘이 되어주는 총괄매니저 도규에게 이렇게 말했다.

"이렇게 사는데 우리가 실패할 수 있겠냐고. 무조건 성공하지."

그도 동감했다. 절대로 실패할 수가 없다. 매일 조금씩 쌓이고 있기 때문이다.

최고의 컨디션

혜민 스님의 『멈추면, 비로소 보이는 것들』이라는 책에서 감명 깊게 읽은 부분이 있다.

"집중만 하면 전화번호부 책도 재미가 있어요. 지금 삶에 재미가 없는 것은 내가 지금 삶에 집중하지 않았기 때문입니다."

현재에 집중하고 있는가? 그렇게 삶을 즐기고 있는가? 재미가 없다면 그 이유는 무엇일까? 추측건대 본업이 '노잼'이라서? 아마도 이렇게 많이들 답할 것 같다. 그럼 어떻게 해야 하나? 일을 바꿔야 하나?

대구의 삼성창조캠퍼스에서 스타트업 대상으로 창업 강의를 나간 적이 있다. 나는 강의를 나가기 바로 이틀 전, 평소와 다른 마음가짐(?)으로 하루를 마무리하고 있었다.

평소같으면 퇴근하고 맥주도 한잔하고, 유튜브를 보다고 잠들기도 했을 텐데, 강의를 준비하는 이틀만큼은 자연스럽게 절제를 하게 됐다. 왜냐면 최고의 컨디션으로 강의를 해야 했기 때문이었다. 나의 내면으로부터는 이런 목소리가 들렸다.

'오늘은 일찍 자자.'

'오늘은 술은 마시지 말자.'

'오늘은 저녁을 가볍게 먹자.'

'오늘은...'

그렇게 절제의 날을 며칠 보냈다. 드디어 강의가 있는 날. 다행히 컨디션이 좋았다. 긴 강의에 나는 몰두했고, 듣는 분들의 반응도 좋았다. 그리고 프로그램 참가 업체 중 1등을 차지한 팀이 나에게 멘토를 해줄 것을 청했다. 내가 했던 강의가 가장 재미있고 가장 유익했다며, 코칭도 잘해줄 것 같다고 했다.

코칭 의뢰까지도 받으니 내가 그럴만한 자격이 있는 건가를 생각했다. 여전히 사장으로서 일하고 있지만, 근래에는 '직원처럼' 살고 있었구나 하는 생각을 하지 않을 수 없었다. 직책은 사장이지만 그냥저냥 살아가고 있었다.

사장과 직원의 차이는 뭘까? '시간이 빨리 가길 바라느냐 아니냐'다. 사장은 시간이 천천히 흐르길 바란다. 아직 해야 할 일이 있고, 하고 싶은 일이 많기 때문이다. 반면 직원은 시간이 최대한 빨리 흐르길 바란다. 그래야 일찍 퇴근하고 월급을 빨리 받기 때문이다.

꼭 회사 안에서만은 아니다. 인생이라는 넓은 차원에서 보게 된다면, 오늘 하루의 시간이 느리게 가길 바랄 정도로 몰입하고 있다면, 인생의 사장으로서 잘살아가고 있다고 할 수 있다.

행복하기 위해서는 몰두할 필요가 있다. 그리고 몰두하기 위해서는 무엇보다도 '컨디션'이 중요하다. 나는 생각했다.

'매일 다음날이 강의 전날인 것처럼 살아가면 안 되는 걸까?'

당장 퇴사하고 일을 바꿔야 한다는 것은 아니다. 지루한 직장일지라도, 월급이 바뀌지 않을지라도, 현재의 직장에서 최고의 컨디션을 만들어가는 것이 중요하다. 그러면 절대 손해 보는 일은 생기지 않는다. 재미없고 빨리 퇴근만 하고 싶던 직장이 점점 다르게 보인다.

우리 가게 최고 단골인 '홍쌤'이라는 분이 있다. 일부러 멀리서 찾아 올 정도로 우리 매장을 좋아해주는 분이다. 그 쌤에게 나는 최근의 이런 생각과 강의 준비를 했던 과정을 들려준 적이 있다. 그러자 쌤이 이렇게 답했다.

"내가 직장을 10년 이상 다녔지만, 정말 단 한 번도 생각해 보지 못한 내용인데?"

그는 '최고의 컨디션으로 직장에 나가서 일한다'라는 것이 굉장히 '낯설다'라고 했다.

최고의 컨디션을 챙긴다는 것은 어떻게 해야 하는 걸까? 각자가 하는 일에 따라 다르겠지만 내 경우 '좋은 음식'과 '꾸준한 운동'과 '충분한 잠'이다.

하루 종일 샐러드를 팔고 있으니 가끔은 뜨끈한 감자탕이나 진한 양념의 음식이 댕길 때가 있다. 하지만 건강을 위해서는 간이 세지 않고 야채를 곁들일 수 있는 식사를 해야 한다. 건강한 음식을 먹는 만큼 컨디션은 한층 더 좋아지기 때문이다. 그 점에서 보면 샐러드 가게에서 일하는 것은 너무 감사한 일이다. 내가 만든 음식을 그냥 먹으면 되니까.

매장이 큰 캐빈커피에서 일할 때는 열심히 뛰어다닌다. 손님에게 음료를 가져다 드리고 나서 카운터로 뛰어서 다시 돌아온다. 바쁘지도 않은데 말이다. 손님이 음료를 다 마시고 나갈 채비를 하는 듯 보이면 빠른 걸음으로 뛰어간다. 그리고 이렇게 말한다.

"잘 드셨나요? 제가 치울게요!"

손님이 다 마신 음료를 리턴해 주기를 기다리지 않고 먼저 몸을 움직인다.

나는 다른 사람에 비해 카페인 영향을 많이 받는 편이다(사업 초기만 해도 잘 몰랐다). 커피를 안 마시다가 마시면 두근거리기도 하고 잠을 잘 자지 못한다. 그런 날은 잠이 올 때까지 유튜브를 보게 된다. 아메리카노 기준으로 두 잔 이상을 마시게 되면 잠에 곯아떨어진다 하더라도 다음날 컨디션이 좋지 않다. 여러 번 반복을 통해서 알게 됐다. 그래서 웃프게도 카페 사장이지만 커피를 거의 마시지 않는다. 커피 맛을 봐야 한다면 딱 두 모금만 맛본다. (한 모금을 삼키고 다음 한 모금은 입속에

머금고 있는다. 이때 맛이 가장 잘 느껴진다.) 커피를 마시기에 좋은 환경이지만 하루에 한 잔 이상은 절대 마시지 않으려고 한다. 다음날의 컨디션을 위해서 말이다.

주변에 직장을 다니는 사람이 있다면 한번 물어보자. 혹시 최고의 컨디션을 가지고 직장 생활에 임하고 있는지. 얼마나 의식하고 있는지.

반복되는 일상 앞에서 최고의 컨디션이라는 것을 잊어버린 것인지도 모른다. 오늘 하루를 망치더라도 똑같은 내일이 올 것이라는 생각은 그런 마음을 더욱 부채질한다. 하지만 나에게 주어진 하루가 얼마나 소중한지, 얼마나 최선을 다해야 하는지 우리는 경험적으로 안다. 그렇게 할 때와 그렇게 하지 않을 때의 차이도 잘 안다. 단 하루 운동하지 않았을 뿐이지만 리듬이 깨지고 기록이 떨어진다는 사실도 모르지 않는다.

고액의 연봉을 주는 세계적인 기업에 다니고 있다면, '최고의 컨디션'을 만들어 출근한다고? 하지만 다시 생각해봐야 한다. 내일 출근하는 곳이 '세계적인 기업'인 듯 먼저 행동하지 않는다면, 우리에게 진짜 그런 기업에서 일할 기회가 찾아올지 말이다.

로또에 당첨된다면

내가 운영하는 카페 중 또 다른 곳이 '코펜하겐커피'다. 짧게 소개하자면 대학교 상권의 카페 중 최초로 'No Study'를 외쳐본 카페다. 물론 손님들이 공부한다고 해서 쫓아내진 않는다. 학교 앞 카페는 자연스레 스터디 카페로 탈바꿈되곤 하는데, 적어도 수다 떠는 손님들에게 눈치는 주지 않는 카페를 만들자는 취지였다.

　코펜하겐커피 카페에는 오랫동안 매니저로 일하는 자칭 '코펜하겐 요정'으로 불리는 H가 있다. 일도 굉장히 잘하는 믿음직한 매니저급 직원이다. 하루는 H가 갑자기 복권을 사보자고 했다.

　"갑자기? 복권은 왜?"

　H가 이렇게 답했다.

　"저희 아빠가 제가 죽는 꿈을 꿨데요 사장님 이거 완전 길몽 아니에요?"

　그날 바로 가게 근처 복권 집에 갔다. 내가 사주겠다고 했지만 H는 한사코 말렸다. 직접 사야 한다나 뭐라나. 그래서 5천 원짜리 복권을 두 장 샀다. 복권은 '자동'으로 샀다. 기계가 임의로 번호를 찍어주는 복권이다. 두 장 중 한 장은 내가 갖고, 다른 한 장은 H 가져갔다(이 선택이 우리의 운명을 정하는 것!?).

로또란 참 묘하다. 사본 사람은 누구나 공감한다. 나도 모르게 자꾸 희망이 생긴다. 결과 발표까지는 3일 정도를 기다려야 했다. H는 로또 당첨이 되면, 내가 가진 빚을 모두 대신해서 갚아줄 거라고 했다. 그 말 한마디만으로도 참 든든하고 고마웠다.

'에이 설마...'

설마 설마 하면서도 토요일이 기다려졌다. 나는 MBTI에서 ENFP(재기발랄한 활동가형)라서 그런지 상상하기를 좋아한다. '당첨되면 뭘 할까'라는 기분 좋은 상상을 했다. 그것만으로도 행복한 기분이 들었다. 만약 로또에 당첨되어 20억 원을 받는다면 뭘 할까?

'일단 아무도 모르게 은행 본점에 가서 1등 수령금을 받아. 그리고 아무렇지 않게 은행을 나와 속으로 기뻐해. 빚을 갚고 부모님과 고마운 지인들에게 보답해. 열심히 잘해준 직원들에게 평소보다 더 많은 월급을 넣어줘. 그리고 제주도에 워크샵을 가는 거야. 물론 말만 워크샵이고, 그냥 다 같이 놀고 쉬는 거지. 그리고 우리는 샐러드계의 맥도날드가 되는 거야. 다음 매장 장소를 물색해. 그리고 건물을 사. 그리고 남은 돈은 잘 아껴두는 거야. 평소와 다를 바 없이 일하면서.'

로또에 당첨되면 어떻게 할 것인지는 굉장히 중요한 질문이다. 자본주의 사회이기에 우리는 돈과 타협하는 경우가 많다. 타협하는 과정에서 진짜 무엇을 원하고, 무엇을 할 때 행복한지는 외면한다.

내가 무엇을 좋아하는지 안다고 하더라도 그것이 당장 돈과 연결되지 않는다면 계속 그 일을 하기가 쉽지 않다. 가령 그림 그리는 일이 무엇보다 행복한 일이지만, 돈이 되지 않는 일이라면 계속해서 하기가 어려운 것처럼 말이다. 그래서 우리는 좋아하지도 않는 일을 하면서 꾸역꾸역 살아간다. 아마 이런 사람에게 로또 당첨이라는 행운이 온다면 바로 그 일을 때려치울 것이다. 그리고 좋아하는 그림만 그리며 살 것이다.

로또에 당첨되어도 하고 싶은 일, 계속할 수 있는 일이 뭘까? 그런 일이 진짜다. 세상과 타협 없이 내가 추구하는 가치 있는 일. 우리의 삶은 그 가치와 일치되어야 한다. 그것이 행복으로 가는 길이다. 그래야 사는 대로 생각하지 않고, 생각하는 대로 살아갈 수 있다.

지난달에만 무려 6천만 원을 지출했다. 나는 가장 월급을 늦게 받고(못 받을 때도 많다), 출근은 가장 빨리하고, 반대로 퇴근은 가장 늦은 사장이다. 직원 고용에 임대료에 세금 그리고 판매와 홍보 등 신경 써야 할 것들이 한두 개가 아니다. 혹 사업이 잘 안 되기라도 한다면, 모은 돈을 모두 날리고 빚까지지고, 자존감은 바닥으로 떨어질지도 모른다. 가족들마저도 날 미워할지 모른다. 그럼에도 나는 지금 이 일이 좋다. 내가 추구하는 가치와 맞는 일이다.

평생 이 일을 하며 살고 싶다. 당장 부자가 되어야 하는 것은 아니기에 마음이 조급하지 않아도 된다. 하물며 로또 1등에 당첨되어도 말이다.

H와 나눠 가진 로또 결과는 어땠을까? 아쉽게도 '꽝'이다. 하지만 로또는 이미 우리가 '당첨'된 사람임을 알려주었다.

1등 상금을 받더라도 H도 나도 지금 하고 있는 일을 그만 둘 생각이 없다는 것. 그것만으로도 우린 정말 운이 좋은 사람이다.

에필로그

"어떻게 하면 오늘 하루를 잘 보낼까?"

이 질문을 이렇게 바꿔보면 어떨까?

"어떤 행동이 나에게 좋은 행동일까?"

명강사로 유명한 김창옥 선생이 이런 얘기를 했다.

"어떠한 행동이 나에게 좋은 행동인지 구별하는 방법이 있다. 그것은 시작하기 전에 좋은 게 아니고 끝났을 때 좋은 것이다. 그게 진짜 좋은 거다."

우리가 하는 일상의 행동을 여기에 대입해볼 필요가 있다. 나도 조깅을 하러 나가기 전에 설레거나 그러진 않는다. '그래, 오늘도 가야지' 정도의 생각 혹은 아무 생각 없음만 있을 뿐이다. 하지만 동네를 한 바퀴 뛰고 나서 땀에 젖은 나를 보면 다시 알게 된다.

"뛰길 잘했네!"

그제야 즐겁고 기분이 좋다.

하루에도 끝이 있다. 바로 잠들기 전이다. 스스륵 눈을 감기 전, 이부자리에 누워 눈을 감는 순간, 오늘 하루가 좋았는지 그렇지 않았는지를 생각한다. 내 안의 깊은 자아가 나를 향해 말해준다. 오늘 하루가 어땠는지.

오늘 하루를 잘 보냈다면 감사와 행복이라는 단어가 입가에서 맴돈다. 슬며시 미소를 지으며 잠들 수 있다. 더 이상 뭔가를 잘하려고 할 필요는 없다. 충분히 최선을 다한 하루였으니. 누구의 인생도, 누구의 지위도, 누구의 돈도 질투할 필요는 없다. 최대한 가장 잘살고 있는 것일 테니.

오늘 하루를 잘 보내는 것 말고 더 할 수 있는 건 없다. 오늘 하루가 쌓여야 미래가 된다. 우린 이미 알고 있다. 그런 날들을 반복하기만 하면 된다는 것을.

감사 인사

그동안 감사한 분들에게 이렇게 공적으로 인사를 남길 수 있다는 것이 책 쓰기의 묘미인 것 같다.

가장 먼저 감사 인사를 전하고 싶은 분은 바로 부모님이다. 나도 여느 자식과 다르지 않았다. 부모님과 싸우기도 많이 했다. 하지만 두 분 덕분에 나는 올바른 사고를 하며 살게 되었다고 확신한다. 감사하다.

대기업 취업이라는 수월한 길을 내팽개치고, 13평짜리 샐러드가게를 차리려고 했다. 부모님의 낯빛은 굉장히 어두우셨다. 얼마나 속이 탔을지 모두 헤아릴 수는 없지만, 부모의 입장으로는 당혹, 걱정 그 자체였을 것이다. 세상은 호락호락하지 않는데, 그런 세상에서 어린 내가 크게 다칠지도 모른다는 염려가 있으셨다. 하지만 나는 엄마 아빠가 모르는 사이에 그들의 가르침으로 이미 강한 사람이 되어있었다. 더이상 걱정 안 하셔도 된다고 전하고 싶다. 그리고 나에겐 언제나 최고의 분들이라고 전하고 싶다. 그리고 가족의 평화와 나의 행보를 한결같이 응원해준 건 다름 아닌 남동생이다. 그에게도 고맙다고 전하고 싶다.

본인의 포지션에서 맡은 바를 다해주는 직원들에게도 참 고맙다. 이 자리를 빌려 이름이라도 나열하고 싶다. 샐러드매장의 채현, 솔아, 서현, 수연, 아림, 온화, 재민, 도규, 수민, 캐빈커피의 덕희, 민재, 동혁, 지성, 민경, 서윤, 명지, 영현, 정민, 코펜하겐커피의 민수, 민서, 민영, 윤정, 지선, 채연, 박봄, 유빈, 주연, 신영. 모두 고맙습니다.

그리고 나와 함께 일하기 위해 잘 다니던 회사를 그만두고 온 도규에게도 깊은 감사를 전하고 싶다. 내 삶에 휴식을 불어넣어 준 장본인이자 든든한 서포터다. 그가 있기에 나는 더욱 즐겁고 열정적으로 일에 몰두할 수 있었다. 일을 떠나서도, 인간적으로 힘이 되는 사람이다.

전역하면 세무사가 될 거라는 군대 친구가 있었다. 나는 "너가 세무사가 되면 나는 법인 회사를 만들어서 너랑 같이 일할게"라는 말을 했던 적이 있다. 그 친구는 제대 후 2년 만에 세무사가 되었다. 그리고 나도 서둘러 법인으로 전환을 했다. 그리고 지금까지 함께 일하고 있다. 덕분에 세무 쪽으로는 어떠한 스트레스도 없이, 내 일에만 몰두할 수 있게 되었다. 세무사 영진에게도 고마움을 전하고 싶다.

매장 만들기에 있어서는 김도환 전기 사장님에게 감사 인사를 전하고 싶다. 전기 설비 전문가임에도 내가 하는 일과 전반적인 공사 과정에 대해 진심 어린 관심과 조언을 해주셨다. 그리고 내가 아는 공사 관계자 중 단연 최고다. 유일하게 한결같이 일해주시는 분이시다. 덕분에 빛나는 매장을 여러 개 만들 수 있었다. 감사합니다.

내가 처음 샐러드가게를 할 때 가장 난관에 부딪혔던 것은 바로 '닭가슴살'이었다. 단가가 너무 높다 보니 자칫하면 '무게 당 가격'으로 판매하는 샐러드 가게를 못 만들 뻔했다. 운이 좋게도, 어느 공장에서 도매가로 도와주셨다. 그렇기에 실현 가능한 아이디어였다. 그 당시 우리 매장의 닭가슴살 소비가 한 달에 50kg도 되지 않았다. 공장에서 취급하기엔 너무 적은 물량이었다. 그럼에도 도와주신 김종량 대표님과 김원분 팀장님께 늘 감사하고 있다. 나와 어떤 연도 없지만, 나의 도전을 멋지게 봐주고 지금까지도 응원해주고 계신다.

서울에서 함께 살아보자고 제안해주었던 진영이 형에게도 참 고맙다. 그의 제안 하나가 나의 인생을 송두리째 바꿔놓았다. 경험해야겠다고는 생각했지만 두려웠다. 그런 나에게 '넛지'를 해준 존재다. 그와 함께 나를 철저하게 믿어준 성준, 영대도 참 고맙다. 성준은 나에게 큰돈을 투자하기도 했다. 그 신뢰에 한 번 더 감동했다.

또 나에 대해서는 무한 신뢰를 보내는 경북대학교 소속 정대근쌤과 홍주형쌤도 늘 힘이 되는 분들이다. 좋아한다고 전하고 싶다.

고마운 사람은 참 많다. 벌써 다음 책을 쓰고 있기에 여기에선 이만 줄이려고 한다. 다음 책에서는 또 다른 감사 인사를 전해보겠다.

감사합니다.

(BH 052)

니가 뭘 해봤다고 창업이니
: 창업의 두려움이 기쁨이 되는 '오늘 하루'를 사는 법

초판 1쇄 발행 2025년 5월 15일

지은이 구교찬

펴낸이 이승현
디자인 페이지엔

펴낸곳 좋은습관연구소
출판신고 2023년 5월 16일 제 2023-000097호

이메일 buildhabits@naver.com
홈페이지 buildhabits.kr

ISBN 979-11-93639-38-2 (13320)

좋은습관연구소에서는 누구의 글이든 한 권의 책으로 정리할 수 있게 도움을 드리고
있습니다. 메일로 문의주세요.